UNSERE
BESTEN
REZEPTE

EXPRESS
KÜCHE

1

SNACKS, SUPPEN UND SALATE

2

MIT FLEISCH UND FISCH

3

VEGETARISCH

4

DESSERTS

Schnell, schneller, satt

Schnell im Blick: *Zubereitungszeit und Kalorienzahl helfen bei der Auswahl des richtigen Rezepts. Die Zubereitungszeit ist aufgeteilt in die Zeit, in der Sie beschäftigt sind, plus die Zeit, die manche Gerichte für sich selbst benötigen – zum Gehen, Backen, Braten, Gefrieren, Kühlen, Kochen, Marinieren usw. –, die für Sie aber Freizeit ist.*

Sicher kennen Sie das: Sie kommen abends von der Arbeit erschöpft nach Hause, der Hunger meldet sich und will rasch gestillt sein – Zeit für aufwendiges Kochen haben Sie aber nicht. Da werden dann gerne Fertigpizza & Co. in den Backofen geschoben. Kann auch lecker sein, ist es aber in den meisten Fällen nicht. Von gesund und ausgewogen kann kaum die Rede sein. Mit unserer Expressküche haben Sie über 80 Rezepte, die wirklich schnell zubereitet sind. Mehr als 30 Minuten brauchen Sie für keines der Gerichte. Wie wäre es mit Rosmarin-Schweinemedaillons mit Gemüse-Couscous, Käse-Nockerln mit Salbei oder Roastbeefröllchen mit Zucchini-Meerrettich-Füllung? Kreative, abwechslungsreiche und gesunde Ernährung kann so schnell gehen!

Tipps für schnelles Kochen

Planen: Legen Sie am Anfang der Woche einen Speiseplan fest – am besten in Abstimmung mit der ganzen Familie. So spart man sich das zeitraubende „Was koch' ich bloß?".

Vorrat: Wer folgende Zutaten immer zu Hause hat, kann mit den meisten Gerichten sofort loslegen: Olivenöl und Rapsöl, Aceto balsamico und einen milden Weißweinessig, Bio-Brühwürfel oder Fond im Glas, Mehl, Paniermehl, braunen und weißen Zucker, Puderzucker, Honig, Sojasauce und eine Tafel dunkle Schokolade. In Dosen oder Gläsern: geschälte Tomaten, getrocknete Tomaten in Öl, weiße Bohnen, Kichererbsen und Kokosmilch, eine Packung Linsen, vorgekochten Couscous, Basmati-Reis und Risotto-Reis und einige Packungen Nudeln. Im Kühlschrank: Butter, Milch, Eier, Frischkäse, Joghurt, Bio-Zitronen, Ingwer, Zwiebeln, Schalotten, Knoblauch, Kartoffeln, Parmesan und Senf.

Fertigprodukte: Gegen Tiefkühlgemüse und -früchte ist nichts einzuwenden, das ganze Jahr verfügbar und mit reichlich Vitaminen lassen sie sich prima bevorraten und sind im Nu verfügbar. Auch Dosengemüse ist für die schnelle Küche sehr gut geeignet.

Organisation: Bei einer guten Planung geht der Rest ganz schnell. Lesen Sie das Rezept vor dem Kochen einmal von vorne bis hinten. Legen Sie alle Zutaten und Werkzeuge bereit. Gewürze sollten in Griffnähe stehen, ebenso Kochlöffel und Messer in Ständern oder Wandgittern.

Mengenangaben	Nährwertangaben
TL: Teelöffel	**E:** Eiweiß
EL: Esslöffel	**Kh:** Kohlenhydrate
Bd.: Bund	**F:** Fett
Pckg.: Packung	**kcal:** Kilokalorien
Msp.: Messerspitze	

Scharfe Messer: Nur ein scharfes Messer ist ein gutes Messer. Es verhindert Unfälle, da man beim Schneiden weniger leicht abrutscht. Es quetscht das Schneidegut auch nicht. Und: Man kann damit sehr schnell schneiden. Ein größeres sowie ein kleines Messer, gerade oder gebogen, sind die Grundausrüstung.

Sparschäler: Die bewegliche Klinge ist zum schnellen Schälen und Schneiden von Obst und Gemüse ideal. Es gibt sie in unterschiedlichen Ausführungen – auch mit gezackter, feststehender Klinge.

Zestenreißer: Damit reibt man in Windeseile die Schale von Zitronen, Orangen und Limonen und erhält kleine, feine Streifen (Zesten).

Kugelausstecher: Damit kann man Melonen aushöhlen oder aus Kartoffeln und anderem Gemüse und Obst blitzschnell Kugeln ausstechen. Sieht immer hübsch aus.

Handmixer: Wer Flüssigkeiten verquirlen, sämige Saucen oder Teige schlagen oder Eiweiß und Sahne steif schlagen will, braucht ihn.

Pürierstab: Wenn cremige Suppen oder ein Püree auf dem Programm stehen, kommt er blitzschnell zum Einsatz. Mit ihm kann man auch Nüsse oder Kräuter zerkleinern. Das Verquirlen von Saucen in engeren Gefäßen ist damit ebenfalls kein Problem.

Wasserkocher: Um Kochwasser vorzukochen. Das geht viel schneller als mit dem E-Herd. Oder Sie erhitzen damit das Wasser, um Tomaten zu überbrühen und sie anschließend zu häuten.

Salatschleuder: Nasser Salat verwässert jedes noch so tolle Dressing. Mit der Salatschleuder bekommt man nicht nur Rucola, Frisée & Co., sondern auch gewaschene frische Kräuter blitzschnell trocken.

Schnellkochtopf: Kein unbedingtes Muss, aber ungemein praktisch. Im Schnellkochtopf verringert sich die Garzeit mancher Lebensmittel auf ein Drittel.

Mikrowelle: Von vielen zu Unrecht als der Untergang der Kochkultur verschmäht, kann sie doch allerhand mehr als bloßes Essen-Aufwärmen. Tiefkühlkost ist schnell aufgetaut, Schokolade und Honig geschmolzen und Gemüse schonend gegart.

1

SNACKS, SUPPEN UND SALATE

Kürbiscremesuppe

1. Kürbis in grobe Spalten schneiden, Kerne samt fasrigem Fruchtfleisch entfernen. Kürbis mit einem Kippschäler schälen und das Fruchtfleisch grob zerkleinern.

2. Zwiebel und Knoblauch schälen, halbieren und fein hacken. Beides in Öl glasig andünsten, das Kürbisfleisch zugeben, ebenfalls anbraten, kräftig würzen.

3. 500 ml Wasser angießen, aufkochen lassen und bei geschlossenem Deckel und mittlerer Hitze 10 bis 15 Minuten garen, bis der Kürbis weich ist.

4. Den Kürbis im Topf mit dem Mixstab pürieren, den Schmand zugeben, auf Suppenstärke verdünnen und mit Pfeffer, Salz, geriebener Muskatnuss und Balsamico abschmecken.

Tipps: *Da Kürbis ein sehr mildes Aroma hat, lässt er sich sehr unterschiedlich würzen: Ingwer, Orangenschale und -saft geben eine fruchtige Note, Apfelstückchen und etwas Apfelsaft machen es säuerlich, Sherry und Currypulver eher herzhaft. Als Garnitur eignen sich geröstete Kürbiskerne, Räucherlachs, gebratene Pilze oder Pesto.*

Für 4 Portionen:

ca. 1 kg Kürbis (800 g Kürbisfleisch)
1 Zwiebel
1 Knoblauchzehe
2–3 EL Rapsöl
Salz, Pfeffer, geriebene Muskatnuss
100 g Schmand
etwas Balsamico

Pro Portion: 4 g E, 11 g Kh, 17 g F

Brokkolisuppe mit Fisch

Für 4 Portionen:

2 Schalotten
(oder kleine Zwiebeln)

500 g Brokkoli
(frisch oder tiefgefroren)

500 g Kartoffeln,
vorwiegend festkochend

100 ml Milch

150 g Möhren

400 g Skreifilet
(oder anderer Weißfisch,
frisch oder tiefgefroren)

2 EL Rapsöl

2 EL Butter

2 EL Mehl

Salz, Muskat

1. Die Schalotten schälen und in grobe Stücke schneiden. Den Brokkoli waschen, nicht zu kleine Röschen abteilen, die Stiele gründlich schälen, würfeln. Die Kartoffeln schälen und würfeln (Kantenlänge etwa 1,5 cm). Zwiebeln, Kartoffeln, Brokkoliröschen und -stiele in je 1 EL Butter und Rapsöl in einem großen Topf etwa 5 Minuten anrösten. Es darf ruhig etwas bräunen, das macht den Brokkoli leicht nussig. Mit Milch und 700 ml Wasser etwa 15 Minuten bei niedriger Hitze garen. Vorsicht: Bei längerer Garzeit wird das saftige Grün langsam grau.

2. Die Möhren waschen, in sehr kleine Würfel schneiden. Das Fischfilet trocken tupfen und in 8 bis 10 gleichgroße Stücke teilen. In Mehl wenden und in einer großen Pfanne in je 1 EL Butter und Rapsöl auf jeder Seite 3 bis 4 Minuten anbraten. Beim Wenden der Fischstücke die Möhrenwürfel dazugeben und mitrösten, dabei alles etwas salzen.

3. Die Brokkolisuppe mit dem Mixstab pürieren, mit Salz und Muskat abschmecken. Zum Essen auf jeden Teller mit Suppe je 2 bis 3 Fischstückchen und ein paar Möhrenwürfel geben.

Pro Portion: 21 g E, 18 g Kh, 9 g F

Info: *Sämtliche Kohlsorten sind gehaltvolle Köpfe: reichlich Vitamin C, viele Ballaststoffe und entzündungshemmende Pflanzenstoffe. Vorteil für Brokkoli: Er ist ganz schnell gar. Das ist jedoch auch sein Nachteil, denn er zerkocht leicht.*

Rote-Bete-Salat

⊠ 30 Minuten
⊡ 125 kcal pro Portion

1. Rote Bete waschen, dünn schälen, ebenso die Ingwerwurzel. Rote-Bete-Knollen halbieren, dann die Hälften längs in sehr feine Scheiben schneiden, besser noch hobeln. Ingwer sehr fein hacken oder reiben. Aus Zitronensaft, Salz, Chili, Honig und Raps- und Sesamöl eine süßsauer-scharfe Marinade rühren, mit dem Ingwer gut vermischen.

2. Die gewaschenen Äpfel mit Schale vierteln, Kerngehäuse entfernen, jedes Viertel längs in ähnlich feine Scheiben schneiden wie die Rote Bete. Vorsichtig mit den Rote-Bete-Scheiben mischen, mit der Marinade überträufeln. Walnusshälften unterheben.

3. Vor dem Servieren, wenn vorhanden, ein paar Rote-Bete-Blättchen in feine Streifen schneiden und unter den Salat heben. Ersatzweise Rucolablätter nehmen. Darauf die Forellenfilets extra anrichten (damit sie sich nicht durch die Rote Bete färben) und erst bei Tisch mit dem Salat auf die Teller geben.

Pro Portion: 6 g E, 13 g Kh, 6 g F

Variante: *So richtig asiatisch schmeckt der Salat, wenn Sie statt der Rote-Bete-Blätter etwas Koriandergrün verwenden. Heimatlicher für den Gaumen wird es wiederum, wenn Sie anstelle von Ingwer mit etwas frisch geriebenem Meerrettich würzen. Auf Chili sollten Sie bei dieser Kombination allerdings verzichten.*

Tipp: *Rote-Bete-Flecken sind hartnäckig. Ziehen Sie bei der Zubereitung Haushaltshandschuhe an, schälen Sie im Wasserbad, hacken Sie auf einem großen Brett. Flecken an der Kleidung sofort kalt ausspülen, über Nacht in kaltem Wasser einweichen und dann ausspülen.*

Für 4 Portionen:

250 g junge, kleine Rote Bete, wenn möglich mit Grün
50 g Ingwerwurzel
2 EL Zitronensaft
Salz
½ TL Chiliflocken
1–2 TL Honig
1 EL Rapsöl
1 EL dunkles Sesamöl
250 g feste Äpfel (gut: Braeburn)
etwa 16 Walnusshälften
50 g Rucolablätter (falls kein Blattgrün der Rübe vorhanden ist)
4 Forellenfilets, geräuchert

Für 4 Portionen:

150 g Himbeeren

400 g verschiedene gemischte Blattsalate

1 rote Zwiebel

100 g Feta

400 g Putenbrust

1 EL Pflanzenöl

Salz, Pfeffer aus der Mühle

60 ml Himbeeressig

2 TL Zucker

4 EL Rapskernöl

Blattsalate mit gegrillter Putenbrust und Himbeeren

1. Himbeeren verlesen. Salate putzen, waschen, trocken schleudern und in mundgerechte Stücke zupfen. Zwiebel schälen und in feine Ringe schneiden. Feta mit den Händen grob zerbröseln. Putenbrust in vier gleich große Stücke zerteilen.

2. Eine Grillpfanne erhitzen. Mit etwas Öl auspinseln. Putenbruststücke mit Salz würzen und von beiden Seiten bei mittlerer Hitze ca. 6 Minuten grillen.

3. In der Zwischenzeit Essig, eine Prise Salz, Pfeffer und Zucker verrühren. Öl langsam nach und nach unterrühren. Salat mit Zwiebeln, Feta und den Himbeeren in einer Schüssel vorsichtig vermengen.

4. Salate auf Tellern anrichten. Salat mit etwas Dressing beträufeln. Putenbrust mit Pfeffer würzen und mit den Salaten servieren.

Pro Portion: 29 g E, 7 g Kh, 19 g F

Spinat-Kresse-Salat
mit Passionsfruchtdressing

Für 4 Portionen:

400 g junger Spinat

3 Stangen Staudensellerie

Salz, Pfeffer aus der Mühle

2 Passionsfrüchte

2 TL mittelscharfer Senf

4 EL heller Balsamico
oder Limettensaft

2 EL flüssiger Honig

4–5 EL Olivenöl

1 Beet Gartenkresse

1 Beet Rucola-Keimlinge

1. Spinat putzen, sehr gründlich waschen, abtropfen lassen oder trocken schleudern. Staudensellerie waschen, putzen und die Blätter beiseitelegen. Stangen in dünne schräge Scheiben schneiden. In eine große Schüssel geben, mit einer Prise Salz würzen und leicht verkneten.

2. Passionsfrüchte halbieren und das Mark in eine kleine Schüssel kratzen. Senf, Essig oder Limettensaft, Honig und etwas Salz in die Schüssel geben und verrühren. Öl nach und nach einrühren. Dressing mit Salz und Pfeffer abschmecken.

3. Kresse und Rucola-Keimlinge abschneiden, mit dem Spinat zu den Staudenselleriescheiben in die Schüssel geben und vorsichtig vermengen.

4. Salat auf Tellern anrichten, mit Sellerieblättern bestreuen und mit dem Dressing großzügig beträufeln.

Pro Portion: 3 g E, 9 g Kh, 11 g F

🗙 30 Minuten
🗙 490 kcal pro Portion

Knoblauch pur gebacken mit Ziegenkäse

Für 4 Portionen:

4 große, frische Knoblauchknollen
1 EL Olivenöl
300 g Ziegenkäse als Rolle
2 EL Mehl
1 Ei
Salz, Pfeffer
1 TL Thymianblättchen
2 Knoblauchzehen
2 EL Olivenöl
½ Bd. Bärlauch (ersatzweise Rucola)
1 kleiner Eichblattsalat
3 EL Olivenöl
1 EL heller Balsamico
Salz, Pfeffer
2 Knoblauchzehen
½ TL Honig
1 Zweig Thymian

1. Backofen auf 200 °C vorheizen. Knoblauchknollen putzen: Harte Wurzeln und lose äußere Schalen entfernen, die Spitzen der Knollen kappen. Jede Knolle mit Öl bestreichen und in eine flache ausgefettete Keramikform setzen. Im Ofen in etwa 15 Minuten weich backen.

2. Währenddessen die Käserolle in knapp 1 cm dicke Scheiben schneiden. Die Scheiben in Mehl wenden, dabei das Mehl fest andrücken. Das Ei mit Salz, Pfeffer, Thymian und durchgepresstem Knoblauch verquirlen, die Käsescheiben durch diese Mischung ziehen, dann nochmals im Mehl wenden. Olivenöl in einer Pfanne erhitzen, die Käsescheiben darin bei sanfter Hitze knusprig braten.

3. Bärlauch und Salat putzen, Blätter kleiner schneiden, mit der Vinaigrette aus Olivenöl, Balsamico, Salz, Pfeffer, durchgepressten Knoblauchzehen und etwas Honig vermengen.

4. Zum Servieren die warmen Knoblauchknollen und die gebackenen Käsescheiben auf dem Salatbett anrichten, mit dem Thymianzweig garnieren.

Pro Portion: 23 g E, 21 g Kh, 33 g F

Info: *Das Garen in der Schale mildert nicht nur die Schärfe des Aromas, sondern auch – behaupten Kenner – die anschließende „Fahne".*

Tomatensuppen heiß und kalt

1. Heiß: Öl in einem großen Topf erhitzen, Zwiebeln in feine Scheiben schneiden, mit klein geschnittenen Knoblauchzehen und gestifteltem Ingwer glasig dünsten. Zucker dazugeben, leicht karamellisieren. Mit den Dosentomaten bei kleiner Hitze 5 Minuten sanft kochen, pürieren, 500 bis 750 ml Wasser dazugeben, aufkochen. Mit Pfeffer, Limettensaft, Fischsauce, eventuell Salz abschmecken und servieren. Schnittlauch- oder Frühlingszwiebelringe darübergeben.

2. Kalt: Zubereitung wie oben, zum schnellen Abkühlen ins kalte Wasser stellen. Je kälter, desto schärfer: Würzen Sie die Suppe intensiv mit frisch gemahlenem Pfeffer, Rosenpaprika oder Chiliflocken und eventuell dem restlichen Limettensaft nach.

Pro Portion: 4 g E, 15 g Kh, 1,2 g F

Tipps: *Am besten eignen sich Konserven mit ganzen geschälten Tomaten. Das sind Flaschentomaten mit wenig Kernen, viel Fruchtfleisch und mehr Aroma als in den sogenannten Pizzatomaten, die aus runden Früchten hergestellt werden.*

Bringt Kälte in die kühle Suppe: Einen Teil als Eiswürfel einfrieren, vor dem Servieren dazugeben. Ersatzweise kühlen auch klare Eiswürfel.

Für 4 Portionen:

1 EL Raps- oder Olivenöl

3 kleine Zwiebeln

2 Knoblauchzehen

1 große Dose geschälte Flaschentomaten (800 g)

20 g Ingwerwurzel (etwa 3 cm)

1 EL brauner Zucker (ersatzweise weißer)

Salz, Pfeffer, eventuell weitere Würze wie Chiliflocken oder Limettensaft

½ Limette

1 EL Fischsauce (ersatzweise Sojasauce)

1 Bd. Schnittlauch (ersatzweise 2 Frühlingszwiebeln)

Chicorée-Apfel-Salat mit Huhn

Für 4 Portionen:

250 g Hühnerbrust

1 EL Rapsöl

500 g Chicorée, etwa 3 Stauden

1 großer Apfel, am besten Granny Smith

1–2 EL weißer Balsam- oder Apfelessig

2–3 EL Oliven- oder Walnussöl

Salz, Pfeffer

2–3 TL Sumach

1. Die Hühnerbrust in schmale Streifen schneiden. Salzen, pfeffern und in Öl rundherum etwa 3 Minuten anbraten.

2. Die Chicoréeköpfe abspülen, trocknen und halbieren. Den Strunk herausschneiden und klein würfeln, eine Schüssel oder einen Teller mit einigen äußeren Blätter auslegen. Die anderen Blätter in daumenbreite Halbringe schneiden. Den geschälten Apfel in kleine Würfel schneiden.

3. Aus Essig, Olivenöl und 1 EL Wasser eine Vinaigrette mischen, die großen Salatblätter damit beträufeln. Apfelstücke, Chicoréeringe, klein geschnittenen Strunk und Hühnerbruststreifen mit der Vinaigrette vermengen, auf die Blätter füllen. Nach Geschmack Sumach darüberstreuen.

Pro Portion: 17 g E, 11 g Kh, 18 g F

Info: *Sumach ist ein leicht säuerlich-herbes Gewürzpulver aus getrockneten Früchten vom Essigbaum. Man bekommt es am besten in türkischen Geschäften. Es wird gerne über Salat und Fleisch gestreut, schmeckt aber auch zu Hummus, Joghurt, gebundenen Suppen. Die säuerliche Note kommt aus den Fruchtsäuren. Das meist grob vermahlene rotbraune Pulver wird oft mit Salz vermischt angeboten.*

Gebackene Zucchini

1. Die Zucchini putzen, waschen, Spitze und Stielansatz entfernen. Zucchini längs in ½ cm dicke Scheiben schneiden. Die Knoblauchzehen abziehen und in kleine Stifte schneiden. Thymian abbrausen und trocken schwenken, die Blättchen von den Zweigen zupfen.

2. Den Backofen auf 200 °C (Umluft 180 °C, Gas Stufe 3 ½) vorheizen.

3. In einem Bräter etwas Olivenöl erhitzen, die Zucchinischeiben darin beidseitig anbraten. Knoblauchstifte, Thymian, Salz und Pfeffer auf die Zucchinischeiben geben, mit restlichem Öl beträufeln und im vorgeheizten Backofen, mittlere Schiene, etwa 15 Minuten backen.

4. Herausnehmen und sofort anrichten.

Pro Portion: 2 g E, 3 g Kh, 6 g F

Tipp: *Zucchinischeibe auf ein Stück Baguette legen und als Snack genießen.*

Für 4 Portionen:

600 g kleine Zucchini
2 Knoblauchzehen
1 Zweig Thymian
Salz, Pfeffer aus der Mühle
2 EL Olivenöl

Gazpacho

Für 4 Portionen:

4 rote Paprikaschoten

1 kg Fleischtomaten

1 Salatgurke

100 g Zwiebeln

4 EL Olivenöl

1 EL dunkler Balsamico

Salz, Pfeffer, Zucker, Chiliflocken

40 g schwarze Oliven

4 Scheiben Toastbrot

4 Knoblauchzehen

1. Paprikaschoten, Tomaten und Gurke waschen. Paprika vierteln und entkernen, etwa zwei Schoten sehr fein würfeln und beiseitestellen. Die Gurke schälen, entkernen, zur Hälfte in kleine Würfel schneiden und diese ebenfalls beiseitestellen. Zwiebeln schälen, Tomaten kurz in kochendes Wasser tauchen, kalt abschrecken und dann die Schale abziehen.

2. Paprika, Tomaten, Zwiebeln und die halbe Gurke pürieren. Die Hälfte des Olivenöls unterrühren, mit Balsamico, Salz, Pfeffer, Zucker und eventuell etwas Chili abschmecken. Die Suppe kalt stellen.

3. Die Oliven fein hacken und in ein Schälchen geben. Das Toastbrot ohne Rinde würfeln und mit dem gehackten Knoblauch im restlichen Olivenöl anrösten. Bei Tisch wird die sehr kalte Suppe mit den in Schälchen bereitgestellten Zutaten – Brotcroûtons, Gurken- und Paprikawürfel, Oliven – serviert. Jeder bedient sich dann nach Belieben.

Pro Portion: 21 g E, 8 g Kh, 10 g F

Tipp: *Gazpacho muss wirklich sehr kalt serviert werden. Wenn Sie die Suppe für längere Zeit auf ein Buffet stellen wollen, sollten Sie vorher einen Teil davon als Eiswürfel einfrieren und diese dann später in die Suppe geben.*

Roastbeefröllchen mit Zucchini-Meerrettich-Füllung

Für 4 Portionen:

1 kleine Zucchini

½ unbeh. Zitrone

½ Apfel (Cox oder Delicious)

2 EL Sojarahm

2 TL geriebener Meerrettich

2 TL geriebene Mandeln

Salz, Pfeffer

8 Roastbeefscheiben (ca. 150 g)

1. Zucchini waschen, putzen und in feine Stifte schneiden oder hobeln. Zitrone heiß waschen, Schale abreiben sowie den Saft auspressen.

2. Den Apfel ebenfalls waschen und mit Zitronensaft und -schale fein pürieren, mit Sojarahm, Meerrettich und Mandeln mischen sowie mit Salz und Pfeffer abschmecken.

3. Roastbeefstreifen auf eine Arbeitsfläche geben, leicht salzen und pfeffern. Die Creme auf den Scheiben verstreichen, quer zur Fleischfaser mit Zucchinistreifen belegen und aufrollen.

Pro Portion: 13 g E, 5 g Kh, 5 g F

Variante: *Statt Zucchini können Sie auch Rucola oder Chinakohl verwenden. Als Füllung passt dann sehr gut Kürbisquark.*

Schnelle Bratkartoffeln

1. Kartoffeln schälen und in etwa 3 cm × 3 cm große Stücke schneiden. Mindestens 10 Minuten wässern, damit sich die Stärke löst.

2. Nach dem Wässern die Kartoffelwürfel abtropfen lassen, mit einem Geschirrtuch gut trocken reiben und in einer Schüssel mit 2 EL Öl vermengen.

3. Einen Topf mit hohem Rand erhitzen und die Kartoffeln darin in etwa 7 Minuten knusprig braten, dabei ab und zu umrühren, danach salzen. Zum Braten eignet sich am besten ein etwa 10 cm hoher Topf (oder eine Sauteuse). Er wird mit einer passenden Schüssel abgedeckt, die mindestens so tief ist wie der Topf. Oder man nimmt einen entsprechend stark gewölbten Deckel.

Info: *Wichtig ist ein gut gewölbter Deckel. Er hält die Hitze zurück, was die Kartoffeln zusätzlich gart. Der Dampf entweicht beim Braten in die Deckelwölbung. Wasser im Deckel ab und zu abwischen. So werden die Kartoffeln in sehr kurzer Zeit gar und schön knusprig.*

Für 4 Portionen:

1 kg Kartoffeln (festkochend)
25 ml Öl
Salz

Pro Portion: 4 g E, 30 g Kh, 6 g F

⏣ 30 Minuten
⏣ 435 kcal pro Portion

Crudités mit Dip

1. Das Gemüse waschen, Wurzeln abschneiden, das Grün von Selleriestangen und Radieschen kappen. Die Selleriestangen 2- bis 3-mal von innen leicht anschneiden, durchbrechen und dabei die Fäden abziehen. Aus der halbierten Fenchelknolle den Strunk herausschneiden, die Blätter herauslösen. In Spalten schneiden, ebenso die entkernte Paprikaschote. Die Möhren schälen und in Stifte schneiden, den Chicorée halbieren und die Blätter ablösen. Pro Person 4 bis 5 walnussgroße Röschen aus einem Blumenkohl lösen.

2. Die Anchoïade wird relativ flüssig: Sardellenfilets in Salz zunächst abspülen, trocken tupfen, Filets in Öl direkt mit 2 bis 3 EL Öl in einem kleinen Topf sehr langsam erhitzen, sodass sie sich auflösen (schmelzen). Kapern fein hacken und dazugeben, Knoblauch hineineindrücken, alles mit dem restlichen Öl und nach Geschmack etwas Essig cremig rühren, pfeffern.

3. Rohes Gemüse auf ein oder mehreren Tellern arrangieren, die Sardellensauce separat. Die Radieschen mit Butter und Salz genießen. Dazu passt Baguette.

Pro Portion: 8 g E, 14 g Kh, 37 g F

Info: *Crudités sind übersetzt „Rohheiten", aber eigentlich sehr fein und zart. Franzosen und Italiener tunken die Crudités gerne auch in Bagna Cauda, eine warme Sauce, oder nur in Olivenöl mit Salz und eventuell auch Essig (Pinzimonio).*

Für 4 Portionen:

4 junge Selleriestangen

1 Bd. Radieschen

½ Fenchelknolle

1 Paprikaschote

4–6 mittlere Möhren

1 Chicorée

½ Blumenkohl

4 Frühlingszwiebeln

50 g Butter

Fleur de Sel

Anchoïade provençale

1 EL Kapern

1 Glas Sardellenfilets in Öl oder Salz (80–100 g)

100 ml Olivenöl

½ EL Rotweinessig (optional)

3 Knoblauchzehen

Pfeffer

Crêpes mit Ziegenfrischkäse und frischem Apfelkompott

Für 2 Portionen:

Crêpes

125 g Weizenmehl

50 g Zucker

1 Prise Salz

2 Eier

150 ml Milch

100 ml Mineralwasser mit Kohlensäure

1 EL neutrales Öl

300 g Ziegenfrischkäse

1 EL Zucker

2 EL Milch

Kompott

2 EL Zitronensaft

1 EL Honig

1 EL Walnussöl

2 mittelgroße grüne Äpfel (z. B. Granny Smith)

1. Backofen auf 150 °C Ober- und Unterhitze vorheizen. Mehl mit Zucker und Salz vermengen, Eier einzeln mit einem Schneebesen in das Mehl einrühren. Nach und nach Milch und Mineralwasser unterarbeiten. So lange rühren, bis keine Klümpchen mehr zu sehen sind. Den Teig kurz ruhen lassen.

2. Für das Kompott Zitronensaft mit Honig verrühren und mit Walnussöl vorsichtig zu einem glatten Dressing mischen. Äpfel waschen, abreiben, vierteln, entkernen und in hauchdünne Spalten schneiden. Unter das Dressing heben und kurz ruhen lassen.

3. Eine beschichtete Pfanne mit einem in neutralem Öl getränkten Küchenpapier einfetten und erhitzen. Den Teig durchrühren und etwa eine halbvolle Suppenkelle in die Pfanne laufen lassen, dabei die Pfanne leicht schräg halten und schwenken, damit sich der Teig gleichmäßig verteilt. Nach 1½ Minuten den Crêpe mit einem Pfannenwender umdrehen und in etwa 1 Minute fertig garen. Crêpe im Backofen warm stellen. Pfanne wieder einölen und nächsten Crêpe backen.

4. Ziegenfrischkäse mit 1 EL Zucker und 2 EL Milch verrühren. Crêpes auf Teller geben, mit einem nassen Löffel eine Hälfte dünn mit dem Ziegenfrischkäse bestreichen, zuklappen und zu einem Dreieck falten. Mit Apfelkompott belegen und servieren.

Pro Portion: 29 g E, 124 g Kh, 37 g F

Honigschalotten

1. Wein oder Balsamico mit dem Salz in einem Topf erhitzen. Schalotten oder Zwiebeln häuten, Spitzen nicht abschneiden, sonst fallen sie beim Garen auseinander. In die kochende Flüssigkeit geben und – je nach Größe – 5 bis 8 Minuten köcheln lassen.

2. In einer großen Pfanne das Öl erhitzen. Die abgetropften Schalotten darin unter ständigem Wenden anbraten, bis sie leicht gebräunt sind. Honig, Zimt und nach Geschmack Chiliflocken zugeben und die Zwiebeln darin schwenken.

3. Bei mittlerer Hitze das Gemüse etwa 10 Minuten in der offenen Pfanne garen, bis die Zwiebeln weich sind. Die Pfanne dabei ständig etwas schütteln, damit die Glasur sich gut verteilt und die Zwiebeln rundherum goldbraun werden, ohne anzubrennen.

Pro Portion: 2 g E, 11 g Kh, 7 g F

Tipps: *Wenn Sie für das Rezept einfache Haushaltszwiebeln nehmen, achten Sie darauf, dass alle Zwiebeln möglichst gleich groß sind.*

Wenn Sie die ungeschälten Zwiebeln für 1 Minute in der Mikrowelle garen, lassen sie sich ganz leicht häuten und sind auch bereits vorgegart.

Schmecken besonders gut zu Käse.

Für 4 Portionen:
250 ml Weißwein oder heller Balsamico
½ TL Salz
600 g Schalotten oder Haushaltszwiebeln
3 EL Rapsöl
3 EL Honig
1 TL Zimt oder Honigkuchengewürz
evtl. Chiliflocken

Kalte Gurkensuppe

Für 8 Portionen:

3 Salatgurken (etwa 1700 g)

500 ml kalte, kräftige Gemüsebrühe

3 EL Zitronensaft

1 Prise Pfeffer aus der Mühle

1–2 Bd. Dill

150 g Crème fraîche oder Schmand

1. Die Gurken schälen, Enden abschneiden, längs halbieren, entkernen und die Gurkenhälften in Stücke schneiden; einige dünne Scheiben für die Dekoration beiseitelegen. Im Aufsatz der Küchenmaschine oder mit dem Pürierstab zerkleinern; dabei etwas Gemüsebrühe zugießen.

2. Die restliche Brühe untermischen. Mit Zitronensaft und Pfeffer würzen.

3. Den Dill abbrausen, trocken schwenken, fein schneiden und in die Suppe rühren. Kühl stellen.

4. Die Crème fraîche erst verquirlen, dann unter die Suppe rühren.

5. Die Suppe in gekühlte Suppentassen oder -teller geben. Mit den Gurkenscheiben garnieren.

Pro Portion: 2 g E, 5 g Kh, 5 g F

Tipps: *Die Suppe mit in Streifen geschnittener Roter Bete garnieren.*

Die Suppe ist auch heiß ein Genuss; dann jedoch den Dill und die Gurkenscheiben zum Schluss obenauf geben und in vorgewärmten Suppentassen oder -tellern anrichten.

Porree Pikant
mit Knuspernuss

1. Lauchstangen gründlich waschen, harte grüne Blattteile abschneiden, eventuell äußere Blattschichten abziehen, Wurzeln abschneiden.

2. Die Stangen schräg in 2 bis 3 cm große Stücke schneiden. Die Porreestücke mit 1 EL Öl sanft anbraten, 50 bis 100 ml Wasser zugeben und bei geschlossenem Deckel etwa 4 Minuten garen. Das Porreegemüse abgießen, gut abtropfen lassen und in einer Schüssel mit der Chilisauce vermischen.

3. Walnusskerne in grobe Stücke zerkleinern. Erst je 1 EL Öl und Sojasauce in die Pfanne geben, dann Zucker, dann die Nussstückchen. Ständig rühren und dabei karamellisieren, bis die Nüsse dunkel, aber nicht angebrannt sind. Über das Gemüse geben.

Pro Portion: 10 g E, 17 g Kh, 22 g F

Tipps: *Die süßliche und mäßig scharfe Chilisauce mit roten Schotenteilen gibt es nicht nur im Asialaden. Sie wird speziell für Hühnchenteile angeboten, schmeckt aber zu vielem anderen.*

Ohne Nüsse wird die Portion um gut 150 Kilokalorien schlanker.

Für 4 Portionen:
1,2 kg Porree/Lauch
1 EL Rapsöl
4 EL süße Chilisauce (Asialaden)
100 g Walnüsse
1 EL Rapsöl
1 EL Sojasauce
1 EL Zucker

Kräuter-Spiegelei

Für 4 Portionen:

4 Eier

1 Bd. gemischte Kräuter
(Sauerampfer,
Petersilie, Basilikum)

1 Bd. Schnittlauch

3 EL Schlagsahne

Salz, Pfeffer

1 EL Butter

1. Die Eier so trennen, dass das Eigelb nicht verletzt wird.

2. Kräuter und Schnittlauch waschen, trocken schütteln. Schnittlauch in feine Röllchen schneiden. Die Blättchen der Kräuter abzupfen und mit Eiweiß und Sahne mit einem Pürierstab fein pürieren. Mit Salz und Pfeffer würzen.

3. Die Butter in einer Pfanne schmelzen, den Eiweiß-Kräuter-Mix zugeben und die Eigelbe daraufsetzen. Die Spiegeleier mit geschlossenem Deckel braten und mit Schnittlauch bestreut servieren.

Pro Portion: 10 g E, 3 g Kh, 15 g F

Tipp: *Dazu schmeckt Brot oder Bratkartoffeln und ein Gurkensalat.*

Variante: *Statt Kräuter können Sie auch Schnittlauchringe, gehackte Tomaten oder Paprikawürfel unterziehen. Dann aber nicht mehr pürieren, sondern nur mischen. Besonders würzig wird's mit körnigem Rotisseursenf.*

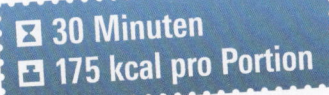
Kartoffelsalat mit Essig und Öl

Für 6 Portionen:

800 g Pellkartoffeln

2–3 EL Butter

500 ml kräftige Gemüsebrühe (Instant)

3–4 EL heller Balsamessig (oder milder Weißweinessig)

1–2 TL mittelscharfer Senf

1 TL süßer Senf

2 EL Rapsöl

3 Frühlingszwiebeln

1 Salatgurke

Salz, Pfeffer

1. Die Kartoffeln ggf. kochen und pellen. Die Butter in Flöckchen in eine Salatschüssel geben. Die Brühe erhitzen, mit beiden Senfsorten, Essig und Öl mischen, mit Salz und Pfeffer kräftig abschmecken.

2. Die Kartoffeln in dünnen Scheiben in die Schüssel zur Butter geben. Das Dressing über die Kartoffelscheiben gießen. Die Frühlingszwiebeln waschen, oben und unten kappen, in hauchfeine Ringe schneiden und unter den Salat heben. Mindestens 30 Minuten ziehen lassen. Inzwischen die Gurke schälen, ebenfalls in sehr dünne Scheiben schneiden, gut abtropfen lassen und erst kurz vor dem Servieren unter den Salat heben.

Pro Portion: 3 g E, 19 g Kh, 10 g F

Pikante Arme Ritter

Für 4 Portionen:

3 Eier

350 ml Milch

Salz

8 große, ½ cm dünne Scheiben Brot (250–300 g) oder entsprechend mehr kleine

4 EL Tomatenmark

4 Scheiben Gouda

6 EL Semmelbrösel (50 g)

5 EL Rapsöl

2 EL Butter

1. 1 Ei trennen und das Eiweiß beiseitestellen. Das Eigelb mit den übrigen Eiern und der Milch verquirlen, salzen und die Brotscheiben mit dieser Mischung übergießen und ziehen lassen. Das Eiweiß mit 1 EL Wasser verrühren. Die Brotscheiben auf einer Seite mit dem Tomatenmark bestreichen und über einer Scheibe Gouda zusammenklappen, andrücken.

2. Die Brotscheiben mit Eiweiß einpinseln und dann in den Semmelbröseln wenden.

3. 2 EL Öl in einer Pfanne erhitzen, Butter zugeben und jeweils 2 Brotscheiben darin von beiden Seiten goldgelb braten. Herausnehmen und auf einem Stück Küchenpapier abtropfen lassen.

Pro Portion: 23 g E, 41 g Kh, 37 g F

Info: *Je älter das Brot, desto mehr Flüssigkeit wird aufgesaugt.*

2

MIT FLEISCH UND FISCH

Auberginen-Steaks

☒ 30 Minuten
☐ 471 kcal pro Portion

1. Die Aubergine waschen, Stiel entfernen und längs in 1 cm dicke Scheiben schneiden. Salzen und wieder zusammensetzen.

2. Das Rinderhackfleisch mit Parmesan, Pinienkernen, Ei, Senf, Tomatenmark und Semmelbrösel zu einer formbaren Masse vermengen. Knoblauch abziehen, mit den Kräutern fein hacken, zu der Masse geben und vermischen. Mit Salz und Pfeffer nachwürzen.

3. Aubergine zusammenpressen, mit Küchenpapier den ausgetretenen Saft auffangen. Die einzelnen Scheiben gleichmäßig mit der Hackcreme bestreichen.

4. Ein großes Stück Grillalufolie einölen. Auberginensteaks darauflegen und auf den Grill legen oder unter den Backofengrill schieben. Sobald sie braun sind (nach ca. 4 Minuten im Backofen) wenden und in weiteren 4 Minuten fertig grillen.

Pro Portion: 30 g E, 15 g Kh, 32 g F

Varianten: *Auberginen gegen Zucchini tauschen. Statt Hackfleisch geraspelte Möhren oder Sellerie verwenden.*

Für 2 Portionen:

1 große Aubergine (350 g)
Salz, Pfeffer
100 g Rinderhackfleisch
50 g Parmesan
30 g gemahlene Pinienkerne
1 Ei
1 EL groben Senf
1 EL Tomatenmark
2 EL Semmelbrösel
1 Knoblauchzehe
1 TL Rosmarin oder Thymian
1 EL Rapsöl für die Folie

Nudeln mit rohem Lachs und Fenchel

Für 4 Portionen:

400 g Fenchel

250 g Lachs, frisch oder gefroren

2 Knoblauchzehen

400 g Orechiette (oder andere Pasta wie Farfalle)

2–3 EL Olivenöl

Salz, Pfeffer

Parmesan nach Belieben

1. Einen großen Topf mit 4 l Wasser aufsetzen. Den Fenchel waschen und mit einem Sparschäler von angetrockneten, groben Außenschalen befreien. Die Fenchelstiele schälen, auch sie werden verwendet. Das Fenchelgrün beiseitelegen.

2. Etwa die Hälfte des Fenchels, vor allem die Stiele, sehr klein schneiden. Das Fenchelklein soll sich in der Pasta verteilen. Den restlichen Fenchel quer zur Faser in feine Streifen schneiden. Lachs in sehr dünne Scheiben schneiden, dann in Stücke (etwa 1 cm × 1 cm).

3. Pasta mit 1 EL Salz ins kochende Wasser geben, kurz rühren. Wenn die Nudeln al dente sind, abgießen. Etwas Kochwasser zurückbehalten.

4. Pasta tropfnass in einer Schüssel mit dem Olivenöl mischen, die Knoblauchzehen hineinpressen, Lachsstücke und Fenchel dazugeben, eventuell noch 1 bis 2 EL Kochwasser. Das klein geschnittene Fenchelgrün darüberstreuen, nach Geschmack Pfeffer und Parmesan darüberreiben.

Pro Portion: 26 g E, 78 g Kh, 17 g F

⏲ **20 Minuten**
🔥 **644 kcal pro Portion**

Hühnerrouladen an Speckbohnen

1. Wasser im Wasserkocher vorkochen, auf zwei Töpfe verteilen und salzen. Kartoffeln ordentlich waschen und in einem der Töpfe mit Schale etwa 15 Minuten kochen.

2. Die Hühnerbrust längs halbieren und mit einem Fleischklopfer leicht plattieren. Kapern und Sardellen auf dem Fleisch verteilen, aufrollen und mit einem Zahnstocher fixieren.

3. Schalotten schälen und in kleine Würfel schneiden. Je 1 EL Olivenöl und Butter in einer Pfanne mit Deckel erhitzen, die Hälfte der Schalotten darin 2 Minuten glasig anschwitzen, die Hitze erhöhen und die Rouladen dazugeben, rundherum bräunen, mit Salz und Pfeffer würzen sowie dem Weißwein ablöschen. Einen Deckel auflegen und für etwa weitere 15 Minuten leicht köcheln lassen.

4. Die Bohnen in reichlich Salzwasser in 7 bis 10 Minuten bissfest kochen. Knoblauch schälen und in feine Scheiben schneiden. Die Blätter der Thymianzweige abstreifen. In einer Pfanne 1 EL Olivenöl und 1 EL Butter schmelzen, Knoblauch und die zweite Hälfte der Schalotten darin 2 Minuten scharf anbraten, Speckwürfel, Thymian und die abgegossenen Bohnen dazugeben. Mit Salz und Pfeffer abschmecken. Die Kartoffeln abgießen und alles anrichten.

Pro Portion: 48 g E, 34 g Kh, 31 g F

Für 2 Portionen:

400 g kleine festkochende (Früh-)Kartoffeln

300 g Hühnerbrustfilet

1 EL Kapern

2 in Salz eingelegten Sardellen (entgrätet und abgespült)

2 Schalotten

2 EL Olivenöl

2 EL Butter

Salz, Pfeffer

150 ml Weißwein

300 g tiefgekühlte Prinzessbohnen

1 Knoblauchzehe

2 Thymianzweige

50 g magere Speckwürfel

Kalbskotelett auf Oliven-Kartoffelpüree

Für 2 Portionen:

500 g mehligkochende Kartoffeln

12 schwarze entsteinte Oliven

10 getrocknete Tomaten (in Öl)

2 Kalbskoteletts
(je 200 g, 2 cm dick)

5 EL Olivenöl

3 Thymianzweige

3 Rosmarinzweige

2 EL Öl von den getrockneten
Tomaten

150 ml Milch

Salz, Pfeffer

1. Wasser im Wasserkocher vorkochen. Die Kartoffeln schälen, klein schneiden und in Salzwasser etwa 15 Minuten gar kochen. Oliven und getrocknete Tomaten in feine Würfel schneiden.

2. Die Fettränder der Koteletts einschneiden. In einer großen Pfanne 2 EL Olivenöl erhitzen. Die Koteletts darin mit Thymian- und Rosmarinzweigen bei mäßiger Hitze auf jeder Seite etwa 5 Minuten knusprig braun braten. Danach die Pfanne mit Alufolie abdecken und ruhen lassen.

3. Milch, 3 EL Olivenöl und Öl von den getrockneten Tomaten zusammen erhitzen. Die Kartoffeln stampfen, heiße Milch nach und nach dazugeben und mit einem Handmixer cremig mixen. Mit Salz und Pfeffer abschmecken. Die Oliven und die Tomaten unterheben, aber nicht mehr mixen. Abschmecken und servieren.

Pro Portion: 38 g E, 37 g Kh, 44 g F

Variation: *Für ein herzhaftes Selleriepüree kochen Sie Knollensellerie und mehlige Kartoffeln (je 400 g). Erhitzen Sie dann 150 ml Milch mit 3 EL Butter, 1 Prise Muskat, Salz und Pfeffer. Alles zusammen stampfen, dann mixen und mit in Öl geröstetem Knoblauch servieren.*

Pasta Parma

Für 4 Portionen:

400 g Pasta

Salz, Pfeffer

100 g Rucola

100 g Parmaschinken

2 EL Olivenöl

60–100 g Parmesan

1. Die Nudeln in 3 bis 4 l kochendem Salzwasser nach Packungs-
anleitung bissfest garen.

2. Zwischendurch den Rucola waschen, derbe Stiele entfernen, trocken
schütteln. Die Schinkenscheiben quer in etwa 1 cm breite Streifen
schneiden.

3. Die fertig gegarten, abgetropften Nudeln in der Servierschüssel
mit den Rucolablättern, den Schinkenstreifen und dem Olivenöl
vermischen. Bei Tisch frisch geriebenen Parmesan und frisch geriebenen Pfeffer unterheben.

Pro Portion: 28 g E, 76 g Kh, 11 g F

Forelle im Salzteig

1. Ofen auf 200 °C Ober- und Unterhitze vorheizen. Das grobe Salz in eine Schüssel füllen. Eiweiß mit einer Prise Salz steif schlagen und mit nassen Händen unter das grobe Salz heben. Den Boden einer großen Auflaufform mit einem Teil des Eiweiß-Salz-Gemisches bedecken.

2. Die Forelle mit dem Thymian und dem Rosmarinzweig füllen, mit Olivenöl einreiben, in die Auflaufform legen und mit dem restlichen Eiweiß-Salz-Gemisch völlig bedecken. Für etwa 20 Minuten in den Ofen geben. Danach die Salzkruste vorsichtig aufbrechen und den Fisch ohne Haut genießen.

Pro Portion: 29 g E, 0 g Kh, 14 g F

Für 2 Portionen:
2 kg grobes Stein- oder Meersalz
1 Eiweiß
1 Prise Salz
1 große küchenfertige Forelle (ca. 600 g, gewaschen und getrocknet)
½ Bd. Thymian
1 Rosmarinzweig
Olivenöl

Kartoffel-Kichererbsen-Pfanne mit gegrilltem Hähnchen

Für 4 Portionen:

500 g festkochende Kartoffeln (z. B. Linda)
400 g Kichererbsen aus der Dose (265 g Abtropfgewicht)
5 EL Olivenöl
150 ml Gemüsebrühe
75 g schwarze Oliven ohne Stein
3 Bd. Rucola
Salz, Pfeffer aus der Mühle
1 EL Paprikapulver edelsüß
Zucker
1–2 EL Zitronensaft
600 g Hähnchenbrustfilet
1 EL grober bunter Pfeffer

1. Kartoffeln schälen, waschen und in Würfel schneiden. Kichererbsen in ein Sieb abgießen, waschen und abtropfen lassen.

2. 3 EL Öl in einer großen Pfanne erhitzen und die Kartoffelwürfel darin bei mittlerer Hitze mit gelegentlichem Wenden 3 Minuten braten. Brühe angießen und bei mittlerer Hitze 6 Minuten einköcheln lassen.

3. In der Zwischenzeit Oliven halbieren. Rucola putzen, waschen und trocken schleudern. Kichererbsen zu den Kartoffeln geben und mit etwas Salz, Paprikapulver und einer Prise Zucker würzen.

4. Eine Grillpfanne erhitzen. Hähnchenbrustfilets mit Salz und Pfeffer würzen. Die Grillpfanne mit übrigem Öl auspinseln. Die Hähnchenbrustfilets darin von beiden Seiten ca. 5 Minuten grillen.

5. Oliven in die Kartoffel-Kichererbsen-Pfanne geben, mit Salz, Pfeffer und etwas Zitronensaft abschmecken.

6. Kartoffel-Kichererbsen-Gemüse auf Teller anrichten, je ein Hähnchenbrustfilet daraufsetzen, Rucola auf die Teller verteilen, mit buntem Pfeffer bestreuen und servieren.

Pro Portion: 35 g E, 29 g Kh, 17 g F

⏏ 10 Minuten
⏏ 494 kcal pro Portion

Für 4 Portionen:

2 Schalotten

1 kleine Dose Kichererbsen
(320 g Abtropfgewicht)

3–4 EL Olivenöl

Salz, Pfeffer

1 TL Kreuzkümmel (Cumin),
frisch gemahlen oder gemörsert

60 g Sesamsaat

300 g Hühnerbrustfilet

1 EL Butter

2 Knoblauchzehen

60 g griechischer Joghurt
(10 % Fett)

3 EL Tahini (Sesampaste)

2 Zitronen

1 EL Minze, gehackt

3 EL Petersilie, gehackt

Sesamhuhn an Kichererbsenpüree

1. Schalotten schälen und in Scheiben schneiden. Kichererbsen abgießen (dabei den Saft auffangen), mit 2 EL Olivenöl und den Schalotten in einen Topf geben und scharf anbraten. Mit Salz, Pfeffer und Kreuzkümmel würzen, beiseitestellen.

2. Den Sesam in einen Teller geben, Hühnerbrüste einmal längs halbieren und darin wenden, mit 1 bis 2 EL Olivenöl in einer großen Pfanne anbraten (jede Seite 2 bis 3 Minuten). Butter und den in Scheiben geschnittenen Knoblauch kurz vor dem Wenden dazugeben, mit Salz und Pfeffer würzen.

3. Joghurt und Sesampaste zu den Kichererbsen geben und gut unterrühren, einmal heiß werden lassen, nicht kochen. Dann die Hitze wegnehmen und fein pürieren. Gegebenenfalls noch etwas von dem Kichererbsensaft dazugeben. Mit dem Saft der Zitronen abschmecken. In der Tellermitte anrichten.

4. Das Huhn auf das Püree legen und mit Minze und Petersilie dekorieren. Wer mag, reicht noch etwas griechischen Joghurt dazu.

Pro Portion: 30 g E, 21 g Kh, 31 g F

Hühnerbrust zu gekräutertem Marktgemüse

⏱ 20 Minuten
🔥 530 kcal pro Portion

1. Backofen auf 180 °C vorheizen. Hühnerbrüste salzen, pfeffern und in einer Pfanne mit dem Öl auf jeder Seite etwa 3 Minuten scharf anbraten. Danach in einer feuerfesten Form für 15 Minuten in den heißen Ofen geben.

2. Sämtliches Gemüse putzen und waschen. Kartoffeln und Möhre schälen und in Scheibchen schneiden, Blumenkohl in kleine Röschen teilen. Alles in der Gemüsebrühe bei größter Hitze zum Kochen bringen. Fenchel in Streifen schneiden und zum übrigen Gemüse geben. Brokkoli in kleine Röschen zerteilen, bei den Zuckerschoten die Enden entfernen und beides ebenfalls zum kochenden Gemüse geben. Kirschtomaten halbieren und beiseitestellen.

3. Von einer unbehandelten Zitrone 1 TL Zesten abziehen, Zesten klein hacken und mit den Kräutern, der Butter sowie den Tomaten zu dem Gemüse geben. Mit Salz und Pfeffer abschmecken.

4. Die Hühnerbrüste aus dem Ofen nehmen, den entstandenen Saft über das Gemüse geben und alles auf Tellern angerichtet sofort servieren.

Pro Portion: 56 g E, 30 g Kh, 19 g F

Variante: *Sie können jedes beliebige Fleisch verwenden, das sich zum Kurzbraten eignet.*

Für 2 Portionen:

- 2 Hühnerbrüste (je 200 g)
- Salz, Pfeffer
- 1 EL Olivenöl
- 300 g Kartoffeln
- 1 Möhre
- 160 g Blumenkohl
- 300 ml Gemüsebrühe
- ¼ Fenchelknolle
- 200 g Brokkoli
- 120 g Zuckerschoten
- 8 Kirschtomaten
- 1 unbeh. Zitrone
- 2 EL Basilikum, gehackt
- 1 EL Petersilie, gehackt
- 1 EL Kerbel, gehackt
- 2 EL Butter

Hähnchen-Avocado-Burger

Für 4 Portionen:

1 Römersalat

1 rote Zwiebel

2 Tomaten

2 reife Avocados (z.B. Sorte Hass)

150 g Frischkäse

Salz, Pfeffer aus der Mühle

Cayennepfeffer

2 TL Limettensaft

2 EL Pflanzenöl

4 längliche Vollkornbrötchen

4 Hähnchenbrustfilets (ca. 600 g)

außerdem: 4 lange Holzspieße

Pro Portion: 46 g E, 43 g Kh, 19 g F

1. Salat putzen, waschen und trocken schleudern. Blätter je nach Größe noch einmal halbieren. Zwiebel schälen und in dünne Ringe schneiden. Tomaten waschen, den Strunk entfernen und in Scheiben schneiden. Avocados halbieren, vorsichtig mit einem Löffel aus der Schale lösen, den Kern entfernen und der Länge nach in Spalten schneiden.

2. Frischkäse in eine kleine Schüssel geben, mit einer Prise Salz, etwas Cayennepfeffer und Limettensaft würzen und verrühren.

3. Öl in einer Pfanne erhitzen. Hähnchenbrustfilets mit Salz und Pfeffer würzen, hineingeben und von beiden Seiten ca. 4 Minuten goldbraun braten.

4. In der Zwischenzeit die Brötchen halbieren und die Unterseiten der Brötchen mit Frischkäse bestreichen, mit Salat, Avocadospalten, roten Zwiebeln und Tomatenscheiben belegen. Mit Salz und Pfeffer würzen. Die Oberseite nur mit übrigem Frischkäse bestreichen. Gebratene Hähnchenbrustfilets auf die belegten Unterseiten legen. Mit den anderen Brötchenhälften belegen und mit einem Holzspieß fixieren.

Rosmarin-Schweinemedaillons mit Gemüse-Couscous

⏱ **30 Minuten**
🔥 **740 kcal pro Portion**

1. Erbsen auftauen lassen. 300 ml Wasser mit ½ TL Salz, 2 Prisen Kurkuma und 2 EL Olivenöl in einem Topf aufkochen. Couscous einrühren, Topf vom Herd nehmen und ca. 10 Minuten quellen lassen. Gelegentlich rühren.

2. Champignons und Tomaten putzen und halbieren. Rosmarin waschen und trocken schütteln. Frühlingszwiebeln putzen, waschen und in Ringe schneiden. Fleisch trocken tupfen.

3. 2 EL Öl in einer Pfanne erhitzen. Champignons darin ca. 4 Minuten anbraten. Erbsen, Tomaten, Frühlingszwiebeln und Couscous zugeben und mit Salz und Pfeffer abschmecken. Warm halten.

4. Limette waschen und in Keile schneiden. Übriges Öl in einer Pfanne erhitzen. Schweinefilets mit Salz und Pfeffer würzen, in die Pfanne setzen, Rosmarin zugeben und darin von jeder Seite ca. 4 Minuten braten. Cashewkerne zugeben und kurz anrösten.

5. Gemüse-Couscous auf Tellern anrichten. Schweinemedaillons mit Rosmarin daraufsetzen und mit Joghurt servieren.

Für 4 Portionen:

50 g tiefgefrorene Erbsen
Kurkuma
6 EL Olivenöl
300 g Couscous
150 g Champignons
150 g Kirschtomaten
4 Zweige Rosmarin
2 Frühlingszwiebeln
8 Schweinemedaillons à 75 g
Salz, Pfeffer aus der Mühle
1 Limette
100 g Joghurt (1,5 % Fett)

Pro Portion: 50 g E, 62 g Kh, 30 g F

⏲ 30 Minuten
▣ 380 kcal pro Portion

Rotes Kokos-Curry mit Huhn und Erdnüssen

Für 4 Portionen:

600 g Hähnchenbrustfilet

6 Thai-Auberginen

1 rote Paprika

200 g Zuckerschoten

2 Schalotten

2 Knoblauchzehen

4 Stiele Thai-Basilikum

2 Kaffir-Limettenblätter

2 EL Pflanzenöl

2–3 EL rote Currypaste

800 ml Kokosmilch

Zucker, Salz

Limettensaft

3 EL gehackte Erdnüsse

1. Hähnchenfilet waschen, trocken tupfen und in Streifen schneiden. Auberginen waschen, putzen und der Länge nach sechsteln. Paprika putzen, das Kerngehäuse entfernen, waschen und in Streifen schneiden. Zuckerschoten putzen, waschen und gegebenenfalls halbieren. Schalotten und Knoblauch schälen und in dicke Streifen schneiden. Basilikum waschen, trocken schütteln und die Blätter abzupfen. Kaffir-Limettenblätter waschen.

2. Öl in einem Topf erhitzen. Gemüse und Fleisch kurz darin anbraten und herausnehmen. Schalotten, Knoblauch und Currypaste in den gleichen Topf geben und 1 bis 2 Minuten anschwitzen. Kokosmilch und Kaffir-Limettenblätter zufügen und aufkochen. Ca. 5 Minuten bei mittlerer Hitze köcheln lassen.

3. Gemüse und Fleisch wieder in den Topf geben und mit Zucker, Salz und etwas Limettensaft abschmecken.

4. Curry in Schalen anrichten und mit Basilikumblättern und Erdnüssen bestreut servieren.

Pro Portion: 42 g E, 12 g Kh, 17 g F

Tipp: *Dazu schmeckt Basmati-Reis.*

⊠ 30 Minuten
⊡ 322 kcal pro Portion

Lammkoteletts mit Rosmarinkartoffeln

Für 4 Portionen:

600 g festkochende Kartoffeln (möglichst Drillinge)

2 kleine Zwiebeln

3 Thymianzweige

3 Rosmarinzweige

4 Knoblauchzehen

2–3 EL Olivenöl

6 getrocknete Tomaten (in Öl)

6 kleine Lammkoteletts (je ca. 80 g)

Salz, Pfeffer

1. Backofen auf 220 °C Ober- und Unterhitze vorheizen. Kartoffeln gründlich waschen, aber nicht schälen. Kartoffeln und geschälte Zwiebeln je nach Größe vierteln oder achteln. Auf ein mit Backpapier ausgelegtes Blech legen. Die Blätter beziehungsweise Nadeln von den gewaschenen und trocken geschleuderten Kräuterzweigen abstreifen und auf den Kartoffeln verteilen. Die geschälten Knoblauchzehen im Ganzen und 1 bis 2 EL Olivenöl dazugeben. Alles kräftig salzen, pfeffern und ordentlich durchmischen. Für 20 Minuten in den heißen Ofen geben.

2. Getrocknete Tomaten sehr fein würfeln, 10 Minuten vor Schluss mit 2 EL des eigenen Öls zu den Kartoffeln im Ofen geben.

3. Eine Pfanne mit 1 EL Olivenöl heiß werden lassen. Die Fettränder an den Koteletts leicht einschneiden, das Fleisch salzen, pfeffern und von jeder Seite 3 Minuten knusprig braun braten. Für die letzten 5 Minuten mit in den Backofen geben. Danach alles zusammen servieren.

Pro Portion: 13 g E, 21 g Kh, 20 g F

Gebratener Kabeljau mit Spinatpolenta und Pancetta

Für 4 Portionen:

200 ml Milch (1,5 % Fett)

100 g Schlagsahne

600 ml Gemüsebrühe

25 g Butter

Salz, Pfeffer aus der Mühle

150 g feiner Polentagrieß

250 g geputzter junger Spinat

600 g Kabeljaufilets

3 EL Olivenöl

8 Scheiben Pancetta

1 Zitrone

1. Milch, Sahne und 600 ml Brühe aufkochen. Butter und 1 TL Salz zufügen. Polentagrieß einrühren und bei niedriger Hitze ca. 4 Minuten weiterrühren. Zugedeckt ca. 12 Minuten auf der ausgeschalteten Herdplatte quellen lassen. Gelegentlich rühren.

2. In der Zwischenzeit Spinat waschen und trocken schleudern und in die Polenta rühren.

3. Kabeljau in vier Portionen teilen und mit Salz würzen.

4. In einer breiten Pfanne 1 EL Öl erhitzen und die Pancettascheiben darin bei starker Hitze knusprig braten. Herausnehmen und auf Küchenpapier abtropfen lassen.

5. Übriges Öl in die Pfanne geben und die Kabeljaufilets darin von beiden Seiten ca. 5 Minuten bei mittlerer Hitze anbraten.

6. Zitrone waschen und in Keile schneiden.

7. Polenta mit Salz und Pfeffer abschmecken. Polenta auf Teller geben und je ein Kabeljaufilet daraufsetzen. Mit grobem Pfeffer bestreuen und mit Pancetta und Zitrone servieren.

Pro Portion: 39 g E, 32 g Kh, 31 g F

Entenbrust mit Granatäpfeln und Walnüssen zu Feldsalat

1. Ofen auf 180 °C Ober- und Unterhitze vorheizen. Zwiebel würfeln. Mit dem Zestenreißer von der Zitrone und der Orange jeweils 1 TL Schale abreiben. Aus der Zitrone 2 EL Saft pressen.

2. Die Haut der Entenbrüste über Kreuz einritzen und die Brüste ohne Fett in eine kalte Pfanne legen, die Hitze auf höchste Stufe stellen und Fleisch etwa 8 Minuten anbraten. In eine Auflaufform geben und beiseitestellen.

3. Das Entenfett bis auf 1 EL abkippen, Zwiebelwürfel in der Pfanne anbraten, braunen Zucker, Zimt, Zitronen- und Orangenschale sowie Walnüsse darin kurz rösten. Mit dem gepressten Zitronensaft und dem Granatapfelsaft ablöschen und noch 1 Minute kochen lassen, dann über die Entenbrüste gießen und alles für rund 15 Minuten in den Backofen schieben.

4. Feldsalat waschen und trocken schleudern. Einige Spritzer Zitronensaft mit 1 EL Olivenöl, Salz, Pfeffer und 1 Prise Zucker in eine Schüssel geben und verrühren. Feldsalat dazugeben und mit den Händen vorsichtig durch das Dressing ziehen.

5. Wenn die Entenbrüste gar sind, 5 Minuten abgedeckt ruhen lassen. Die Brüste in Scheiben schneiden, auf Tellern anrichten, mit der Sauce begießen und zusammen mit dem Feldsalat servieren.

Pro Portion: 52 g E, 48 g Kh, 89 g F

Tipp: *Wesentlich kalorienärmer wird das Gericht, wenn Sie weniger Walnüsse verwenden.*

Für 2 Portionen:

- 1 Zwiebel
- 1 unbeh. Zitrone
- 1 unbeh. Orange
- 2 Entenbrüste
- 2 EL brauner Zucker
- 1 TL Zimt
- 185 g Walnüsse, gehackt
- 250 ml Granatapfelsaft
- 100 g Feldsalat
- 1 EL Olivenöl
- Salz, weißer Pfeffer
- Zucker

☒ 30 Minuten
☒ 280 kcal pro Portion

Geschnetzeltes mit Reis und Möhren

Für 4 Portionen:

150 g Langkornreis, parboiled

700 g Möhren

2 Schalotten

½ Bd. glatte Petersilie

400 g Kalbfleisch zum Kurzbraten (oder Schweine-filet / Hühnerbrust)

1–2 EL Mehl

2 EL Rapsöl

100 g Sahne

100 ml Milch

200 ml Brühe (Instant)

1 EL Butter

Salz, Honig

Zitronensaft (optional)

1. Den Reis mit 150 ml Wasser und ½ TL Salz kurz aufkochen, den Topf auf der ausgeschalteten Herdplatte zugedeckt bis zum Servieren stehen lassen. Möhren schälen, halbieren und in dünne Scheiben schneiden, geschälte Schalotten in Streifen. Petersilie waschen, trocken schütteln und hacken.

2. Das Fleisch in sehr dünne Streifen schneiden, in dem Mehl wenden. In 2 EL Rapsöl bei großer Hitze 3 bis 5 Minuten anbraten, dabei ab und zu wenden. Schalotten 1 bis 2 Minuten mitbraten, salzen. Sahne, Milch und Brühe dazugeben und bei mittlerer Hitze 7 bis 9 Minuten ziehen lassen (nicht kochen, sonst wird das Fleisch zäh).

3. Die Möhrenscheiben in 1 EL Butter 3 bis 5 Minuten andünsten. Mit Salz, etwas Honig und eventuell Zitronensaft würzen. 100 ml Wasser dazugeben, bei geschlossenem Deckel noch 2 Minuten sanft garen, die Petersilie darüberstreuen. Das Geschnetzelte abschmecken und direkt in der Pfanne mit Reis und Möhren servieren.

Pro Portion: 19 g E, 31 g Kh, 9 g F

Tipp: *Nach diesem Rezept wird der Reis eher körnig. So entfällt das Abgießen und Auf-die-Uhr-Schauen. Weicher wird er mit etwas mehr Wasser.*

Ofen-Dorade mit knackigem Fenchel-Safran-Gemüse

1. Backofen vorheizen (E-Herd: 200 °C / Umluft: 175 °C / Gas: Stufe 3).

2. Fische waschen und trocken tupfen. Haut mehrmals einritzen. Zitronen waschen und in Scheiben schneiden.

3. Doraden mit Zitronenscheiben füllen und auf ein mit Backpapier ausgelegtes Backblech legen. Mit Öl beträufeln und mit etwas grobem Salz bestreuen. Im vorgeheizten Backofen ca. 20 Minuten backen.

4. In der Zwischenzeit Gemüsebrühe mit Anissamen, Noilly Prat und Safran aufkochen. Fenchel putzen, halbieren und in dünne Streifen schneiden. In die Brühe geben, vermengen und mit Zucker und einer Prise Salz abschmecken. In eine große Auflaufform geben und zu den Doraden in den Backofen geben. Doraden fertig backen.

5. Frühlingszwiebeln putzen, waschen und in Ringe schneiden. Fenchelgemüse mit Salz und Pfeffer abschmecken. Doraden auf das Fenchelgemüse setzen, mit Frühlingszwiebeln bestreuen und servieren.

Pro Portion: 22 g E, 12 g Kh, 14 g F

Für 4 Portionen:

2 küchenfertige Doraden à ca. 350 g

2 unbeh. Zitronen

4 EL Olivenöl

grobes Meersalz

200 ml Gemüsebrühe

1 TL Anissamen

2 EL Noilly Prat

1 Döschen Safranfäden (0,1 g)

3 Fenchelknollen

Zucker

1 Bd. Frühlingszwiebeln

Pfeffer aus der Mühle

20 Minuten
200 kcal pro Portion

Wildlachstatar

Für 4 Portionen:

500 g Wildlachsfilet
(gefroren oder frisch)

1–2 Zwiebeln

½ Bd. Basilikum

½–1 TL Korianderkörner

2 EL Olivenöl

Salz, Pfeffer

1. Lachsfilet mit einem scharfen Messer in sehr feine Würfel schneiden. Keinesfalls hacken, dann „schmiert" das Filet.

2. Die Zwiebeln (am feinsten schmecken Schalotten) ebenfalls sehr klein würfeln. Basilikum hacken, einige Blätter zum Dekorieren beiseitelegen. Korianderkörner im Mörser fein zerstampfen, ersatzweise etwas fertig gemahlenen Koriander nehmen.

3. Alle Zutaten vorsichtig mischen, mit Salz und frisch gemahlenem schwarzen Pfeffer abschmecken.

Pro Portion: 27 g E, 1 g Kh, 8 g F

Tipp: *Das Tatar kann auch mit Zuchtlachs zubereitet werden, auch mit bereits in Scheiben geschnittenem Räucher- oder Gravad-Lachs. Da Zuchtlachs aber durch seinen deutlich höheren Fettgehalt recht weich ist, sollte er vor dem Schneiden etwas angefroren werden. Und die Olivenölmenge muss reduziert werden.*

⏱ 15 Minuten
🔥 251 kcal pro Portion

Maiskolben mit Bacon

1. Die Maiskolben rundherum mit Senf bestreichen. Je 4 Speckscheiben um einen Kolben wickeln, für einen besseren Halt eventuell mit Rouladennadeln fixieren.

2. Anschließend die Maiskolben auf den Grill oder unter den vorgeheizten Backofengrill legen und unter mehrmaligem Wenden grillen, bis der Speck schön knusprig ist.

Pro Portion: 10 g E, 32 g Kh, 9 g F

Tipp: *Sie können die Maiskolben auch in der Pfanne zubereiten. In wenig Fett braten, bis der Speck knusprig und die Maiskolben goldgelb sind.*

Varianten: *Schmeckt auch leicht gesalzen, in Scheiben geschnitten und zusammen mit diversem farbigem Gemüse auf einen Spieß gesteckt.*

Für 2 Portionen:

2 vorgegarte Maiskolben

1 EL groben Senf

8 dünne Speckscheiben
(je 5 g)

30 Minuten
643 kcal pro Portion

Zitronen-Kräuter-Risotto mit gebratenen Jakobsmuscheln

Für 4 Portionen:

ca. 900 ml Geflügel- oder Gemüsebrühe

1 Zwiebel

1 Knoblauchzehe

1 unbeh. Zitrone

50 g Butter

350 g Risotto-Reis

250 ml trockener Weißwein

Salz, Pfeffer aus der Mühle

1 großes Bd. gemischte Kräuter (z. B. Petersilie, Dill, Schnittlauch, Basilikum etc.)

3 EL Olivenöl

12 küchenfertige Jakobsmuscheln

50 g geriebener Parmesankäse

1. Brühe aufkochen. Zwiebel und Knoblauch schälen und fein würfeln. Zitrone heiß waschen, Schale abreiben, halbieren und Saft auspressen.

2. Butter in einem großen Topf erhitzen, Zwiebel und Knoblauch darin andünsten. Reis hinzufügen, unter Rühren mitdünsten, bis er glasig wird. Mit Weißwein ablöschen und unter Rühren einkochen lassen.

3. Zitronenschale zufügen und mit einer Prise Salz und Pfeffer würzen. Brühe in 3 bis 4 Portionen angießen, dazwischen immer wieder bei schwacher Hitze einköcheln lassen, bis der Reis alle Flüssigkeit aufgenommen hat. Zwischendurch umrühren.

4. In der Zwischenzeit Kräuter waschen, trocken schütteln, abzupfen und grob hacken.

5. Öl in einer Pfanne erhitzen. Jakobsmuscheln mit Salz und Pfeffer würzen. Bei mittlerer Hitze ca. 2 Minuten von beiden Seiten goldbraun braten.

6. Kräuter und Parmesan unter das Risotto heben und mit Zitronensaft, Salz und Pfeffer abschmecken. Zitronen-Kräuter-Risotto auf 4 Tellern anrichten, je 3 Jakobsmuscheln daraufsetzen und sofort servieren.

Pro Portion: 29 g E, 74 g Kh, 22 g F

3

VEGETARISCH

Paprika in Shiro-Butter
mit weißen Bohnen und Birnen

1. Gemüsezwiebel schälen, halbieren und in dünne Streifen schneiden. Paprikaschoten erst in Streifen (etwa 1 cm) schneiden, dann halbieren oder in Dreiecke schneiden. Beides in einer großen Pfanne etwa 3 Minuten unter ständigem Rühren in 4 EL Öl anbraten. Die Hitze herunterschalten, salzen und zudecken. Nach weiteren 4 Minuten den Deckel abnehmen. Das Gemüse sollte noch bissfest sein.

2. Bohnen abspülen. Mit 3 gehäuften EL Shiro-Miso und 80 g Butter in das Gemüse einrühren, salzen und einmal aufkochen.

3. Birnen vierteln, Gehäuse entfernen, auf das Gemüse setzen und servieren. Je nach Belieben können sie auch geschält werden.

Pro Portion: 11 g E, 32 g Kh, 36 g F

Tipps: *Der Shiro-Miso aus geschältem Reis und Sojabohnen schmeckt besonders sanft. Wenn er im Asialaden nicht zu finden ist, nehmen Sie einfach milden Miso.*

Weiße Bohnen sehr gut mit kaltem Wasser abspülen, um Geruch und Schaum zu entfernen. Am besten, weil wunderbar zart und weich, sind spanische Alubias granjas.

Für 4 Portionen:
1 Gemüsezwiebel
500–600 g Paprikaschoten (rote, gelbe, grüne)
400 g große weiße Bohnen (Glas oder Dose)
2 reife, gelbe Birnen
außerdem: Rapsöl, Salz, Shiro-Miso, Butter

Tomaten-Paprika-Topf mit Mango

Für 4 Portionen:

1 Zwiebel

2 Knoblauchzehen

4 Paprikaschoten
(3 rote und 1 gelbe)

1 Gurke

400 g Dosentomaten

100 ml Mangopulpe

400 g gekochte Quinoa oder
160 g Quinoa kochen

außerdem: Öl,
Koriander und Fenchel gemahlen,
Kreuzkümmel, Essig

1. Zwiebel und Knoblauchzehen schälen, klein hacken. Deckel samt Stielen von den Paprikas schneiden, die Kerne entfernen, Schoten in Stücke schneiden (Dreiecke). Zwiebel und Knoblauch mit den Paprikadeckeln in 2 EL Rapsöl in einer Pfanne anbraten.

2. Gurke schälen, halbieren, Kerne auskratzen und aufbewahren, Gurke in kleinere Stücke schneiden. Dosentomaten mit dem Messer in der Dose grob zerkleinern. Gurkenkerne in die Pfanne geben, mit den geschälten Tomaten samt Saft aufgießen. Paprikadeckel herausnehmen und beiseitestellen.

3. Mangopulpe, je 1 TL Koriander, Fenchel, Kreuzkümmel und 1 EL Apfel- oder Balsamicoessig zu den Tomaten geben, alles weich kochen, pürieren und salzen. Die Gurken- und Paprikastücke hineingeben, das Gemüse kurz aufkochen und abschmecken.

4. Zum Servieren mit gekochter Quinoa anrichten.

Pro Portion: 10 g E, 40 g Kh, 16 g F

Tipp: *Borretschblüten wie auf dem Foto eignen sich nicht nur als schöner Blickfang. Sie würzen das Gericht auch ganz speziell.*

Spaghetti mit Gemüsebolognese

1. Möhre, Sellerie und Petersilienwurzel schälen und in kleine Würfel schneiden (Kantenlänge etwa 1 cm), Blumenkohl und Brokkoli in kleine Röschen schneiden. Petersilie waschen, trocken schütteln, die Blättchen grob hacken.

2. Spaghetti in 4 bis 5 l Wasser mit 1 EL Salz bissfest kochen. Das Gemüse – bis auf Mais und Brokkoli – mit je 1 EL Rapsöl und Butter und dem Lorbeerblatt in einer großen Pfanne 3 bis 5 Minuten anrösten. Mit den gehackten Tomaten und der Brühe bei mäßiger Hitze und halb aufgelegtem Deckel etwa 10 Minuten köcheln lassen. Brokkoliröschen und Mais in die Tomatensauce geben, 2 bis 3 Minuten mitkochen, abschmecken, Petersilie unterrühren.

3. Die Nudeln abgießen, noch tropfnass auf die Teller verteilen. Jeder mischt nach Wunsch die Gemüsebolognese unter die Nudeln und reibt Parmesan darüber.

Pro Portion: 14 g E, 72 g Kh, 6 g F

Tipp: *Geben Sie kein Öl zu Nudeln, die Sie gleich essen wollen. Zwar kleben sie mit Öl nicht, aber die Sauce haftet auch nicht. Falls die Nudeln doch eine kurze Zeit stehen müssen, mischen Sie vorab ein paar Esslöffel Sauce unter die abgetropfte Pasta.*

Für 4 Portionen:
1 mittelgroße Möhre
75 g Knollensellerie
ca. 25 g Petersilienwurzel
200 g Blumenkohl
200 g Brokkoli
1 Bd. glatte Petersilie
500 g Spaghetti
150 g Mais
1 EL Butter
1 EL Rapsöl
1 Lorbeerblatt
400–450 g gestückelte Tomaten
300 ml Gemüsebrühe (Instant)
Parmesan (optional)
Salz

Zitronenkartoffeln vom Blech

Für 4 Portionen:

750 g Kartoffeln,
vorwiegend festkochend

2–3 EL Olivenöl

1 EL getrockneter Oregano

1 unbeh. Zitrone

2 Knoblauchzehen

Salz, Pfeffer

1. Ofen auf 200 °C (Ober-/Unterhitze) vorheizen.

2. Kartoffeln gründlich nass abbürsten, ungeschält der Länge nach vierteln oder achteln. In einer Schüssel mit dem Öl, Oregano und – wenn möglich grobem – Salz gründlich mischen. Auf einem Backblech im Ofen backen, nach 15 Minuten wenden.

3. Zitrone grob abreiben, eine Hälfte auspressen. Saft und Abrieb mischen, die Knoblauchzehen hineinpressen. Nach insgesamt 25 Minuten die Mixtur über die Kartoffeln verteilen, alles vermengen, 5 bis 10 Minuten knusprig backen.

Pro Portion: 4 g E, 28 g Kh, 11 g F

Tipp: *Diese Art Ofenkartoffel geht schnell, ist äußerst aromatisch und klappt auch mit Rosmarin oder einer provenzalischen Kräutermischung.*

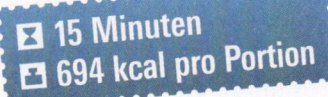

Kartoffel-Pasta mit Genueser Pesto

Für 2 Portionen:

2 mittelgroße Kartoffeln
100 g grüne Bohnen
250 g Linguini
6 EL Basilikum, gehackt
1 Knoblauchzehe
Salz
3–4 EL Olivenöl
30 g Pecorino oder Parmesan

1. Wasser im Wasserkocher vorkochen. Kartoffeln schälen und in Stifte schneiden. Bohnen putzen. Bohnen und Kartoffeln zusammen mit den Nudeln etwa 10 Minuten in kochendem Salzwasser bissfest kochen.

2. Derweil Basilikum mit der geschälten Knoblauchzehe, 1 Prise Salz und Olivenöl mit dem Stabmixer zu einem Pesto mixen. Pecorino oder Parmesan reiben und unterheben. Eventuell salzen. Mit den Nudeln vermischen und servieren.

Pro Portion: 22 g E, 100 g Kh, 20 g F

15 Minuten
90 kcal pro Portion

Für 4 Portionen:
2 Fenchelknollen
2 EL Olivenöl
1 EL Kräuter der Provence
Pfeffer, Salz

Fenchel mit Kräutern

1. Wurzelansatz und Fenchelgrün von den Knollen abschneiden. Die Knollen erst halbieren, vierteln, den Strunk nur teilweise herausschneiden, der Fenchel soll nicht auseinanderfallen. Die Viertel in sehr schmale Spalten schneiden.

2. In 2 EL Öl mit den Kräutern kurz anschmoren, salzen, mit 4 bis 6 EL Wasser abgedeckt bei niedriger Hitze 7 bis 8 Minuten bissfest dünsten oder 10 Minuten sehr weich.

Pro Portion: 2 g E, 4 g Kh, 8 g F

Tipp: *Statt Wasser den französischen Wermut Noilly Prat oder – leicht säuerlich – Weißwein nehmen. Passt mit dem Wein besonders zu Fisch und sonst zu allem, was mit Tomate geschmort wurde.*

Käse-Nockerln mit Salbei

1. Die Eier in einer Schüssel verquirlen. Den Quark hinzufügen und mit Maisgrieß, Mehl, etwas Salz und dem geriebenen Käse sorgfältig vermischen. Anschließend den Teig mindestens 10 Minuten quellen lassen. Die Salbeiblätter waschen und trocken tupfen.

2. In einem großen Topf Wasser mit etwas Salz zum Kochen bringen. Mit einem nassen Esslöffel Nockerln aus dem Teig formen und in das siedende Wasser geben. Bei kleiner Hitze etwa 5 Minuten köcheln lassen, bis die Nockerln nach oben steigen.

3. Inzwischen in einer großen Pfanne die Butter schmelzen und die Salbeiblätter darin leicht anbraten. Dann die Nockerln mit einem Schaumlöffel aus dem Wasser herausheben und in die Pfanne geben. Schwenken und 2 Minuten bei mittlerer Hitze braten.

Pro Portion: 19 g E, 38 g Kh, 28 g F

Tipp: *Mit einem frischen Tomatensalat servieren.*

Für 4 Portionen:

2 Eier
250 g Magerquark
80 g Maisgrieß
30 g Weizenmehl (Type 405)
Salz
30 g geriebener Pecorino oder Parmesan
1 Handvoll Salbeiblätter
2 EL Butter

Spitzkohl mit Ziegenkäse

Für 4 Portionen:

1 kg Spitzkohl

1½ EL Margarine

Salz, Pfeffer aus der Mühle

150 g milder Ziegenfrischkäse

2 EL Milch

1. Den Spitzkohl putzen, waschen und vierteln. Einen großen flachen Topf oder eine Pfanne mit Deckel mit der Hälfte der Margarine einfetten.

2. Die Spitzkohlviertel tropfnass hineinsetzen und mit Salz bestreuen. Restliche Margarine auf den Kohl streichen. Zugedeckt bei kleiner Hitze 12 bis 15 Minuten bissfest garen.

3. Inzwischen den Ziegenfrischkäse und die Milch verrühren.

4. Den Kohl herausheben und auf einer vorgewärmten Platte anrichten. Den Fond mit dem Ziegenfrischkäse verrühren, mit frisch gemahlenem Pfeffer würzen und die Sauce über den Kohl geben.

Pro Portion: 11 g E, 12 g Kh, 13 g F

Tipp: *Als Beilage passt Naturreis oder frisch zubereitetes Kartoffelpüree.*

Rote Bete karamellisiert

1. Knollen in 1 cm dicke Scheiben schneiden, alternativ in grobe Würfel.

2. In einer Pfanne die Butter erhitzen, Zucker und Balsamico dazugeben. Mit dem Gemüse so lange köcheln, bis es leicht karamellisiert. Abschmecken.

Pro Portion: 2 g E, 13 g Kh, 4 g F

Tipp: *Rohe Knollen ungeschält in Wasser etwa 45 Minuten garen, dann schälen und trocken tupfen. Frisch gegarte Rote Bete schmeckt am besten und kleinere Knollen meist weniger erdig als große. Vorgegartes Gemüse ist aber ein guter Ersatz, der sich auch lange im Kühlschrank hält.*

Für 4 Portionen:

500 g vorgegarte Rote-Bete-Knollen
1 EL Butter
1 EL Zucker
1 EL dunkler Balsamico
Salz

Bulgur-Risotto mit grünem Spargel

Für 4 Portionen:

500 g grüner Spargel
1 Schalotte
200 g grober Bulgur
1 EL Olivenöl
1 EL Butter
100 ml Brühe
20 g Parmesan
Salz, Pfeffer

Pro Portion: 10 g E, 39 g Kh, 8 g F

1. Spargel im unteren Drittel schälen, feste Enden abschneiden. Spargelspitzen etwa 5 cm lang abschneiden, beiseitelegen. Die restlichen Spargelstangen längs halbieren, quer in 1-cm-Stücke schneiden. Schalotte fein hacken. Bulgur in einem Sieb in einen Topf mit heißem, aber nicht mehr kochendem Wasser hängen, 5 Minuten ziehen, dann abtropfen lassen.

2. Inzwischen Spargel- und Schalottenstücke mit 1 EL Butter und 50 ml Brühe 5 Minuten zugedeckt köcheln lassen. Bulgur und weitere 50 ml Brühe untermischen, kurz erhitzen. Parallel die Spargelköpfe in 1 EL Olivenöl mit 1 EL Wasser bei niedriger Hitze zugedeckt bissfest garen, salzen, pfeffern.

3. Zum Servieren den Bulgur mit den Spargelstückchen auf die Mitte des Tellers geben, die Spargelköpfe rundherum anordnen. Darauf etwas Parmesan hobeln und Olivenöl träufeln.

Tipp: *Hier ist grober Bulgur am besten, er hat mehr Biss als feiner.*

Tipp: *Dieses Bulgur-Gericht schmeckt auch kalt sehr gut. Sie können statt Bulgur auch Naturreis verwenden.*

Bulgur-Pilaw mit Joghurt

Für 4 Portionen:

2 Zwiebeln
2 kleine, frische Chilischoten
3 EL Pflanzenöl
250 g Bulgur
500 ml Gemüsebrühe
400 g Tomaten
Joghurtsauce
3–4 EL glatte Petersilie, gehackt
2 Stiele frische Minze
1 Knoblauchzehe
200 g Joghurt
Salz

1. Die Zwiebeln schälen und fein schneiden. Die Chilischoten halbieren, den Stielansatz und die Kerne entfernen. Die Chilischotenhälften in feine Streifen schneiden.

2. Das Öl in einem flachen Topf erhitzen, die Zwiebelwürfel darin andünsten, die Chilischotenstreifen zugeben, umrühren, Bulgur einstreuen und alles unter Wenden 5 Minuten anbraten.

3. Mit der Gemüsebrühe aufgießen, 3 Minuten kochen lassen. Den Topf beiseitestellen und ohne Hitze 10 bis 15 Minuten zugedeckt quellen lassen, bis die gesamte Flüssigkeit aufgesogen ist.

4. Inzwischen die Tomaten obenauf kreuzweise einritzen, mit kochendem Wasser übergießen und häuten. Die Tomaten vierteln, Stängelansätze und Kerne entfernen. Die Tomatenstücke würfeln und unter den Bulgur heben. Nochmals kurz erhitzen.

5. Für die Sauce Petersilie und Minze abbrausen, trocken schleudern und fein hacken. Die Knoblauchzehe schälen und zerdrücken. Mit den Kräutern unter den Joghurt rühren. Mit wenig Salz abschmecken.

Pro Portion: 8 g E, 50 g Kh, 10 g F

Ratatouille mit Couscous

Für 4 Portionen:

2 Schalotten

200 g Zucchini

je 1 rote und gelbe Paprikaschote

300 g mittelgroße Tomaten, am besten Fleischtomaten

1 Lorbeerblatt

4 Stiele frischer Thymian (oder 1 TL getrockneter)

1 Knoblauchzehe, geschält

2 EL Olivenöl

100 ml Gemüsebrühe

½ unbeh. Zitrone

1 EL Butter

250 g Couscous

½ Bd. Basilikum

Salz, Zucker

1. Schalotten schälen, Gemüse waschen, Zucchini oben und unten kappen, Paprika und Tomaten entkernen. Alles würfeln, dabei den Tomatensaft auffangen. In einem Topf mit breitem Boden das Gemüse – außer den Tomaten – mit dem Lorbeer, Thymianstielen und der ganzen Knoblauchzehe etwa 5 Minuten in 2 EL Olivenöl anbraten. Dann die Tomatenwürfel, den Saft und 100 ml Brühe dazugeben und 10 Minuten köcheln lassen. Eine Zitronenhälfte abreiben, leicht ausdrücken. Das Gemüse mit 1 EL Zitronensaft, dem Abrieb, Salz und einer Prise Zucker abschmecken. Knoblauch, Lorbeer und Thymian herausfischen.

2. 500 ml Wasser mit der Butter und 1 TL Salz aufkochen, von der Hitze nehmen und den Couscous unterrühren. Bei aufgelegtem Deckel etwa 10 Minuten ziehen lassen, danach mit zwei Gabeln auflockern. Das Basilikum waschen, vorsichtig trocken schleudern, fein hacken und über Gemüse und Couscous streuen.

Pro Portion: 7 g E, 34 g Kh, 7 g F

Pasta mit roher Tomatensauce

1. Zunächst 4 bis 5 l Wasser für die Nudeln aufsetzen. Wenn das Wasser kocht, die Pasta mit 1 EL Salz hineingeben, anfangs kurz umrühren, damit nichts zusammenklebt. Bissfest kochen.

2. Währenddessen Tomaten waschen, halbieren und die Stielansätze herausschneiden. Dann mit einem kleinen scharfkantigen Löffel die Kerne herausholen. Die Schalotten schälen und klein schneiden. Basilikum waschen, trocken schütteln, die Blätter grob hacken.

3. Das Tomatenfleisch in kleine Stücke (etwa 1 cm × 1 cm) schneiden. Mit dem Olivenöl und den Schalotten in eine große Schüssel geben. Die gehäutete Knoblauchzehe hineinpressen.

4. Die fertig gekochte Pasta abgießen, etwas Kochwasser zurückbehalten. Die Pasta in die Schüssel zu dem Tomatenmix geben, alles gründlich mischen, eventuell etwas Kochwasser dazugeben. Das Basilikum und den geriebenen Parmesan untermengen, kräftig pfeffern und mit Salz abschmecken.

Pro Portion: 22 g E, 100 g Kh, 6 g F

Für 4 Portionen:

750 g Tomaten, nicht zu groß

3 Schalotten

10–15 Stiele Basilikum

3 EL Olivenöl

1 Knoblauchzehe

500 g Pasta wie Farfalle, Fettuccine, Linguine

50 g geriebener Parmesan

Salz, Pfeffer

Orangen-Couscous

Für 4 Portionen:

150–200 g Zucchini

2 EL Öl

200 g Couscous

100 ml Orangensaft

½ TL Zimt

½ TL Kreuzkümmel

Harissa (oder Chilipulver)

30–40 g gehackte Mandeln,
Walnüsse oder Cashewkerne

Salz

Rosinen oder andere Trocken-
früchte (optional)

1. Zucchini in Streifen oder Scheiben schneiden. Mit 1 EL Öl 2 Minuten unter Wenden anbraten und leicht bräunen.

2. Topf vom Herd ziehen, Couscous einrühren und mit dem restlichen Öl vermengen, sodass er schön körnig wird.

3. Mit Orangensaft, 250 ml Wasser, Zimt und Kreuzkümmel einmal kurz aufkochen, vom Herd ziehen und 5 Minuten quellen lassen.

4. Mit Salz und Harissa abschmecken, gehackte Nüsse untermischen und mindestens 10 Minuten stehen lassen.

Pro Portion: 8 g E, 60 g Kh, 11 g F

Schmorgurke im Rote-Bete-Sud

⊠ 25 Minuten
⊡ 290 kcal pro Portion

1. Ingwer schälen und in dünne, längere Streifen schneiden. Mit Rote-Bete-Saft und Kokosmilch in einen Topf geben und 5–6 Minuten kochen lassen.

2. Schmorgurken schälen, halbieren, entkernen und in 1 cm breite halbe Ringe schneiden. Die Gurkenstücke in den Sud geben und ungefähr 5 Minuten bissfest garen.

3. 2 EL Misopaste mit 2 EL Senf glatt rühren.

4. Tofu in insgesamt 8 Scheiben schneiden und in 3 EL Öl anbraten. Mit dem Misosenf bestreichen und zusammen mit den geschmorten Gurkenringen auf einem Teller anrichten. Gut macht es sich auch, wenn Sie Kokosflocken in einer beschichteten Pfanne ohne Öl hellbraun rösten und dann über Tofu und Gurken streuen.

Pro Portion: 13 g E, 20 g Kh, 19 g F

Tipp: *Das Gericht schmeckt auch mit ganz normalen Salatgurken.*

Für 4 Portionen:

250 ml Rote-Bete-Saft

200 ml Kokosmilch

80 g Ingwer

2 große Schmorgurken (etwa 1,6 kg)

400 g weißer Tofu

außerdem: Miso, Dijonsenf, Rapsöl, evtl. Kokosflocken

Für 4 Portionen:

3–4 Lauchstangen
(geputzt ca. 700 g)

2 Kochäpfel (ca. 250 g)

2 EL Butter

Salz, Pfeffer

geriebene Muskatnuss

1 Prise Zimt

200 ml Weißwein

100 g Edelpilzkäse

Apfel-Lauch-Rahm

1. Wurzeln und welke Blattenden vom Lauch abschneiden, Stangen seitlich aufschlitzen und unter fließend Wasser waschen, in 5 cm lange Abschnitte teilen. Äpfel waschen, vierteln, das Kerngehäuse entfernen und die Viertel in Spalten schneiden.

2. In einer großen beschichteten Pfanne Butter schmelzen und den Lauch kräftig anbraten, mit Salz, Pfeffer, Muskat und einer Spur Zimt würzen.

3. Wenn der Lauch beginnt anzusetzen, mit Weißwein ablöschen und einmal aufkochen lassen. Dann Apfelspalten zugeben, den Deckel auflegen und bei kleiner Hitze etwa 6 bis 8 Minuten gar ziehen lassen. Lauch und Apfel sollten nicht völlig zerfallen.

4. In der Zwischenzeit den Käse würfeln, dann zum Apfel-Lauch-Mix zugeben und schmelzen lassen.

Pro Portion: 10 g E, 14 g Kh, 13 g F

Varianten: *Mit einer Handvoll Walnusshälften wird das Gemüse noch sättigender, mit Cidre statt Weißwein süßer.*

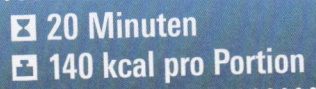
Bunter Mangold
mit schwarzen Oliven

Für 4 Portionen:
750 g Mangold (1 mittlere Staude)
2 EL Öl
1–2 EL Tomatenmark
1 mittlere Zwiebel
50 g schwarze entkernte Oliven
Salz, Pfeffer

1. Stielansatz des Mangolds abschneiden, gründlich waschen. Stiele und Blätter trennen, beides quer in 3 bis 4 cm breite Streifen schneiden. Stiele mit 1 EL Öl und 2 bis 3 EL Wasser 7 Minuten (oder mehr) bissfest dünsten, Tomatenmark unterrühren, salzen, herausnehmen.

2. Zwiebel würfeln, in derselben Pfanne mit den Blättern in 1 EL Öl andünsten, mit etwas Wasser und den Oliven etwa 5 Minuten mit Deckel köcheln.

3. Beide Zubereitungen mischen, erneut köcheln, bis die Flüssigkeit verdampft ist.

Pro Portion: 6 g E, 5 g Kh, 10 g F

Anis-Ratatouille

Für 2 Portionen:

2 Paprika (rot und gelb)

1 kleine Aubergine

2 kleine Zucchini

2 Zwiebeln

2 Knoblauchzehen

4 EL Olivenöl

3 Stängel Basilikum

Salz, Pfeffer, Zucker

1 TL Fenchelsamen

5 Fleischtomaten

1 Sternanis

½ unbeh. Zitrone

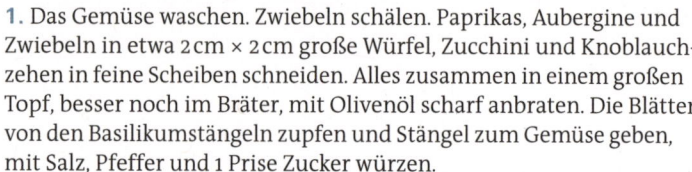

1. Das Gemüse waschen. Zwiebeln schälen. Paprikas, Aubergine und Zwiebeln in etwa 2 cm × 2 cm große Würfel, Zucchini und Knoblauchzehen in feine Scheiben schneiden. Alles zusammen in einem großen Topf, besser noch im Bräter, mit Olivenöl scharf anbraten. Die Blätter von den Basilikumstängeln zupfen und Stängel zum Gemüse geben, mit Salz, Pfeffer und 1 Prise Zucker würzen.

2. Für die Tomaten Wasser im Wasserkocher aufkochen. Fenchelsamen in einer Pfanne ohne Fett rösten, bis sie anfangen zu duften. Abkühlen lassen und im Mörser grob zermahlen.

3. Tomaten über Kreuz einritzen und mit dem kochenden Wasser überbrühen, schälen, entkernen (dabei Kerne und Saft aufsparen) und in kleine Würfel schneiden. Zu dem Gemüse geben und mit Sternanis und Fenchelsamen für 15 Minuten ohne Deckel köcheln lassen. Falls zu viel Flüssigkeit verkocht, ein wenig von den Tomatenkernen dazugeben. Mit Saft und Zesten der Zitrone und den klein gehackten Basilikumblättern abschmecken. Dazu Weißbrot reichen.

Pro Portion: 10 g E, 28 g Kh, 21 g F

Variante: *Für die klassische Ratatouille statt des Sternanis ein Lorbeerblatt sowie 2 frische Thymianzweige verwenden. Oder getrocknete Kräuter der Provence. Mit Rotwein verfeinern. Ein Schuss Pastis kann auch nicht schaden.*

Pasta Pomodoro

1. Nudeln in 3 bis 4 l kochendem Salzwasser nach Anweisung biss-fest garen.

2. Inzwischen die Knoblauchzehen häuten, längs in Stifte schneiden und im Olivenöl in einer Pfanne andünsten. Die eingelegten Trockentomaten abtropfen lassen, in schmale Streifen schneiden und zum Knoblauch in die Pfanne geben.

3. Die frischen Tomaten je nach Größe halbieren oder vierteln, zum Erwärmen mit in die Pfanne geben, dabei aber die Hitzezufuhr abstellen. Von 2 Thymianzweigen die Blättchen abstreifen und zu den Tomaten geben. Mit Salz, Pfeffer und eventuell Chiliflocken abschmecken.

4. Die gegarte Pasta abtropfen lassen, in eine vorgewärmte Schüssel füllen. Die Tomaten darübergeben. Mit einem Thymianzweig und frisch geriebenem Parmesan oder Grana Padano servieren.

Pro Portion: 23 g E, 91 g Kh, 18 g F

Tipps: *Wenn Sie für das Rezept größere frische Tomaten verarbeiten wollen, sollten Sie die Haut abziehen. Das geht ruck, zuck: mit kochendem Wasser übergießen und Schale abziehen. Die Früchte werden dann in Achtel geschnitten und ohne Kerngehäuse mit den anderen Zutaten kurz erhitzt.*

Sardellenfilets oder auch in Scheiben geschnittene schwarze Oliven bringen Abwechslung in das Rezept.

Für 4 Portionen:
400 g Pasta
Salz, Pfeffer aus der Mühle
2–6 Knoblauchzehen
4 EL Olivenöl
50 g eingelegte, getrocknete Tomaten
500 g Cocktailtomaten
3 frische Thymianzweige
Chiliflocken
60–100 g Parmesan

Knusprige Tortillas mit Schoko-Chili-Bohnen

Für 4 Portionen:

1 Bd. Frühlingszwiebeln
(oder 2–3 Zwiebeln)

600 g frische Tomaten
(oder 2 Dosen, abgetropft)

400 g weiße Bohnen
(Glas oder Dose)

50 g Schokolade
(mindestens 70 % Kakao)

8 Weizen- oder Maistortillas
(20 cm Durchmesser)

außerdem: Olivenöl, Salz,
Chilipulver

1. Frühlingszwiebeln in Ringe schneiden, bei den Tomaten den Stielansatz herausschneiden und klein hacken. Die Bohnen abtropfen lassen und gut abspülen. Zwiebeln in 1 EL Öl leicht anbraten.

2. 100 ml Wasser, Bohnen, Tomaten, Salz und Chili (1 Messerspitze bis ½ TL) dazugeben. Zugedeckt etwa 5 Minuten köcheln lassen, bis die Tomaten weich sind und die Sauce sämig ist.

3. Schokolade in kleine Stücke hacken und unterheben, Sauce abschmecken, auch mit Salz. Der Schokogeschmack soll im Hintergrund bleiben.

4. Eine Pfanne mit 1 EL Öl ausstreichen, Tortillas darin kurz auf beiden Seiten erwärmen. Je zur Hälfte mit dem Schoko-Chili-Gemüse belegen, die andere Hälfte überklappen. Sofort servieren.

Pro Portion: 14 g E, 37 g Kh, 15 g F

Zucchinipfannkuchen mit Käse

Für 2 Portionen:

50 g Mehl (Typ 405)
50 g Maismehl
1 Msp. Backpulver
1 TL getrocknete Mittelmeerkräuter
Salz
1 Ei (Gr. L)
3 EL Mineralwasser
100 ml Milch
300 g kleine Zucchini
3 EL Rapsöl
70 g geriebener Gouda

Pro Portion: 21 g E, 41 g Kh, 31 g F

1. Beide Mehlsorten, Backpulver, Kräuter, Salz, Ei, Wasser und Milch in eine Schüssel geben. Alles mit einem Schneebesen gut verrühren, bis keine Klümpchen mehr vorhanden sind und eine glatte Masse entstanden ist.

2. Die Zucchini waschen, Stielende entfernen und in ½ cm dünne Scheiben schneiden.

3. Etwas Öl in einer beschichteten Pfanne erhitzen, mit den Zucchinischeiben auslegen, Teig darüberschöpfen und die Pfanne schwenken, bis die Zucchinischeiben knapp bedeckt sind. Bei mittlerer Hitze etwa 4 Minuten goldgelb backen.

4. Pfannkuchen wenden und mit Käse bestreuen. Den Deckel auflegen und in 3 Minuten fertig backen.

5. So lange Pfannkuchen backen, bis der Teig aufgebraucht ist. Bei 80 °C im Backofen warm halten. Dann lassen sich die Pfannkuchen wie Tortenstücke aufschneiden.

Variante: *Auch als süße Variante mit Apfelspalten gut. Dann statt Käse geschlagenen, leicht gesüßten Quark und Puderzucker dazu reichen.*

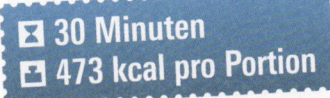
Für 4 Portionen:

1 Bd. Frühlingszwiebeln

1 Knoblauchzehe

1 unbeh. Zitrone

300 g Spaghetti

Salz, Pfeffer

2 EL Rapsöl

400 g Erbsen (frisch oder TK)

100 g Sojacreme (oder Sahne)

einige frische Basilikumblätter

Spaghetti mit Zitronensauce

1. Frühlingszwiebeln waschen, Wurzeln und Welkes entfernen, Zwiebeln in feine Ringe schneiden. Knoblauch schälen und fein würfeln. Zitrone heiß waschen, trocken tupfen und die Schale fein abreiben, Saft auspressen.

2. Spaghetti in reichlich Salzwasser bissfest kochen, abgießen und dabei einen Teil Nudelwasser auffangen.

3. Das Öl in einer tiefen Pfanne erhitzen, Zwiebeln und Knoblauch darin glasig dünsten. Die Erbsen zugeben, dann Sojacreme, Salz und Pfeffer. Mit dem Zitronensaft abschmecken. Das Basilikum waschen, trocken schütteln und die Blättchen in feine Streifen schneiden.

4. Spaghetti in der Gemüsepfanne schwenken, eventuell etwas Nudelwasser zufügen und mit Basilikum bestreuen.

Pro Portion: 18 g E, 69 g Kh, 13 g F

Für 4 Portionen:

200 g Feldsalat

2 EL Preiselbeerkompott (50 g)

2 EL Weißweinessig

Salz, Pfeffer aus der Mühle

3 EL Pflanzenöl

250 g gegarte Maronen

1 EL Butter

Maronen mit Feldsalat

1. Den Feldsalat verlesen, die kleinen Wurzeln entfernen, größere Pflänzchen zerteilen, den Salat gründlich waschen, trocken schleudern oder gut abtropfen lassen.

2. Preiselbeerkompott, Weißweinessig, Salz und Pfeffer in einem Gefäß zu einer Salatsauce verrühren, das Pflanzenöl einrühren und den Salat mit der Sauce mischen.

3. Die Maronen jeweils in etwa 5 Scheiben schneiden. Butter in einer Pfanne erhitzen, die Maronenscheiben darin unter Wenden leicht bräunen und über dem Feldsalat verteilen.

Pro Portion: 2 g E, 27 g Kh, 12 g F

Tipp: *Sie können für dieses Gericht die Maronen selbst garen oder bereits gegarte vakuumverpackte Maronen nehmen.*

Paksoi in Kokosmilch

1. Paksoi putzen, zerteilen und waschen. Die Stiele in größere Stifte und die Blätter grob schneiden. Die Möhren putzen, waschen, schälen und in feine Streifen schneiden.

2. Die Zwiebel abziehen und fein würfeln. Die Chilischoten waschen, entstielen, längs halbieren, entkernen und die Hälften in dünne Streifen schneiden.

3. In einer Pfanne Öl erhitzen, die Zwiebelwürfel darin glasig werden lassen. Möhrenstifte und Curry zugeben und unter Wenden 3 Minuten zugedeckt dünsten. Die Paksoistiele und Chilischotenstreifen zugeben, mit Kokosmilch auffüllen und weitere 3 Minuten zugedeckt garen. Die Paksoiblätter unterheben und noch 1 Minute zugedeckt dünsten. Mit Zitronensaft und -schale sowie Muskatnuss abschmecken.

4. Zum Servieren von der Kokosnuss mit einem Sparschäler dünne Späne abhobeln und über das Gericht verteilen.

> **Pro Portion:** 4 g E, 6 g Kh, 25 g F

Tipp: *Wer es nicht so scharf mag, nimmt statt des Bombay-Currys den mildaromatischen Madras-Curry oder mildfruchtigen Indien-Curry.*

Für 4 Portionen:

500 g Paksoi
150 g Möhren
1 Zwiebel
2 kleine Chilischoten
2 EL Pflanzenöl
1 TL scharfes Currypulver (Bombay-Curry)
200 ml Kokosmilch (aus der Dose)
Saft und Schale von ½ unbeh. Zitrone
Muskatnuss, gerieben
3 EL Kokosnuss, geschabt, oder Kokoschips

Püree von Orangenmöhren

Für 4 Portionen:

750 g Möhren

1–2 EL Butter

100–120 ml Orangensaft

1 Bd. Schnittlauch
(oder Thymian, Petersilie)

Salz, Pfeffer

1. Möhren schälen, in feine Scheiben schneiden. 1 EL Butter in einem kleinen Topf schmelzen, Möhren und 2 EL Wasser dazugeben, salzen und bei geschlossenem Deckel und niedriger Hitze 7 bis 10 Minuten garen: Die Möhren sollen sehr weich sein.

2. Die Flüssigkeit gut abdampfen lassen, pürieren, dabei vorsichtig nach und nach Orangensaft zugeben, ohne dass das Püree flüssig wird – es soll sich später keine Flüssigkeit absetzen.

3. Gehackte Kräuter untermischen, nach Wunsch noch 1 EL Butter, kräftig salzen und pfeffern.

Pro Portion: 2 g E, 34 g Kh, 7 g F

Kartoffelgulasch

1. Die Paprika waschen, halbieren, putzen und in Rauten schneiden. Zwiebeln schälen, halbieren und grob hacken. Die Kartoffeln schälen und in ca. 2 cm große Würfel schneiden.

2. Das Öl in einem großen Topf erhitzen und die Zwiebeln darin anbraten. Kartoffeln, Paprika, Paprikapulver, Salz und Wacholderbeeren zugeben und bei kleiner Hitze zugedeckt etwa 10 Minuten schmoren.

3. Das Sauerkraut hacken, zusammen mit dem Tomatensaft zugeben und weitere 5 Minuten schmoren lassen. Eventuell noch etwas Wasser hinzufügen. Das Gulasch abschmecken und mit einem Klacks Schmand servieren.

Pro Portion: 9 g E, 42 g Kh, 17 g F

Für 2 Portionen:

1 rote Paprikaschote

2 Zwiebeln

400 g mehligkochende Kartoffeln

2 EL Rapsöl

Paprikapulver, mild und scharf

Salz

1 TL Wacholderbeeren

200 g Sauerkraut

250 ml Tomatensaft

2 EL Schmand

Für 4 Portionen:

1 Zwiebel

2 Knoblauchzehen

1 EL Rapsöl

1 große Dose
gehackte Tomaten (800 g)

1 TL Salz, Pfeffer

400 ml Milch

200 g grober Polentagrieß

100 g Schmand

Muskatnuss

1 Handvoll Basilikum

1 EL Honig

Palukes mit Tomatensauce

1. Zwiebel und Knoblauchzehen schälen, halbieren und in Würfel schneiden. In einer beschichteten Pfanne im Öl andünsten, die gehackten Tomaten zugeben und mit Salz und Pfeffer würzen. Bei mittlerer Hitze etwa 10 Minuten einkochen lassen (Spritzschutz!).

2. Die Milch mit Salz in einem Topf aufkochen, den Maisgrieß unter Rühren einstreuen und in etwa 5 Minuten dick kochen lassen, Schmand zugeben. Mit Pfeffer und Muskat abschmecken.

3. Den Grieß in eine Schüssel füllen, glatt streichen, stürzen.

4. Basilikum waschen, grob zerkleinern, unter die Tomatensauce mischen und mit Honig abschmecken. Polenta wie eine Torte in Spalten schneiden und mit der Sauce essen.

Pro Portion: 10 g E, 53 g Kh, 13 g F

Variante: *Statt in Tortenform kann die Polenta auch in Scheiben geschnitten und in einer Pfanne in Öl gebraten serviert werden.*

Tipp: *Mediterran wird das Gericht, wenn Sie statt Sojasauce und Ingwer Gemüsebrühe und reichlich Knoblauch verwenden und zum Schluss viel gehackte Petersilie untermischen. Dazu harmoniert am besten Olivenöl.*

Auberginen im Wok

1. Die Auberginen abspülen, trocken tupfen, den Stiel abschneiden, die Früchte vierteln oder achteln und in 1 cm breite Streifen schneiden.

2. Die Zwiebeln abziehen und in feine Ringe schneiden. Die Chilischote abspülen, längs halbieren, entstielen, entkernen und fein schneiden. Den Knoblauch abziehen und fein hacken. Den Ingwer schälen und sehr fein würfeln.

3. Das Öl in einem Wok oder in einer großen Pfanne (ø 28 bis 32 cm) erhitzen.

4. Die Knoblauchwürfel in das Fett geben und unter Pfannenrühren glasig, aber nicht braun werden lassen.

5. Portionsweise die Auberginenstücke, Zwiebelscheiben, Ingwer-würfel und Chilischotenstreifen zufügen. Alles unter Rühren etwa 5 Minuten garen. Wenn es zu bräunen beginnt, Sojasauce zufügen.

6. Den Feta zerkrümeln und über dem Gemüse verteilen.

Für 4 Portionen:
1 kg Auberginen
3 rote Zwiebeln
1 rote Chilischote
2–3 Knoblauchzehen
1 Stück Ingwerwurzel (30 g)
5 EL Pflanzenöl
6 EL Sojasauce, hell
200 g Feta

Pro Portion: 13 g E, 9 g Kh, 21 g F

4

DESSERTS

Raspelapfel mit Zimt

1. Die Rosinen im Rum einlegen.

2. In der Zwischenzeit die Äpfel waschen, vierteln und das Kerngehäuse entfernen. Mit einer Raspel grob raspeln.

3. Honig mit dem Zimt mischen und dann gut mit dem Raspelapfel mischen und die Rum-Rosinen zugeben. Kurz durchziehen lassen und servieren.

Pro Portion: 1 g E, 34 g Kh, 1 g F

Tipp: *Für Zimthonig zum Selbermachen einfach eine Zimtstange für 1 bis 2 Wochen in ein Honigglas stellen. Und fürs Frühstück oder für Kinder den Rum durch Orangen- oder Apfelsaft ersetzen!*

Für 4 Portionen:

3 EL Rosinen
2 EL Rum
4 säuerliche Äpfel (Boskoop)
2–3 EL Honig
1 TL Zimtpulver

Für 4 Portionen:

1 kleine unbeh. Orange

1 Zimtstange

1 TL Koriandersamen

1 Nelke

40 g frischer Ingwer

80 g Zucker

300 g Mascarpone

4 EL Milch

8 reife Feigen

Gewürzfeigen mit Mascarpone

1. Mit einem Zestenreißer die Orange schälen oder Schale fein abreiben. Schale mit allen Gewürzen, Zucker und 350 ml Wasser in einen Topf geben, aufkochen und 10 Minuten köcheln lassen.

2. Mascarpone mit der Milch cremig rühren. Die Feigen abspülen und trocken tupfen, in den nicht mehr kochenden Sud mit den Gewürzen geben und für 5 Minuten gar ziehen lassen, dabei ab und zu vorsichtig umrühren.

3. Die Feigen mit einer Schaumkelle auf ein Sieb legen und den Sud bei kleiner Hitze auf die Hälfte reduzieren lassen. Die Feigen wieder hineingeben, einmal umrühren und alles über den Mascarpone geben. Sofort servieren.

Pro Portion: 5 g E, 23 g Kh, 30 g F

Himbeersorbet

⏱ 15 Minuten
🔥 185 kcal pro Portion

1. Gefrorene Beeren pürieren, dazu vorher mit dem Teigroller zerkleinern. Die Alternative: etwas antauen lassen.

2. Gefrorenen Zuckersirup portionsweise gründlich untermischen. Eiweiß ist nicht nötig, schadet aber nicht.

3. Mit Puderzucker, eventuell Himbeergeist abschmecken. Falls nötig: 30 Minuten einfrieren.

Pro Portion: 2 g E, 42 g Kh, 0 g F

Tipp: *Den Zuckersirup auf Vorrat zubereiten und einfrieren. So hat man ihn auch bei spontanem Besuch schnell zur Hand.*

Grundrezept: *250 ml Wasser aufkochen, 150 g Zucker darin auflösen, abkühlen lassen und mindestens 3 Stunden in die Gefriertruhe geben. Die Schicht sollte dünn sein, damit sie sich hinterher einfach portionieren und zerkleinern lässt. Gut geeignet sind dafür auslaufsichere Beutel.*

Für 4 Portionen:

400 g Himbeeren, tiefgefroren

Zuckersirup (siehe Tipp, halbe Menge Grundrezept)

½ Eiweiß (optional)

1–2 EL Puderzucker

1–2 EL Himbeergeist (optional)

Für 4 Portionen:

3 säuerliche Äpfel,
am besten Granny Smith
(etwa 350 g, entkernt)

2 EL Zitronensaft

½ Eiweiß

Zuckersirup (siehe Tipp)

1 EL Calvados (optional)

1–2 Stiele Zitronenmelisse

Apfelsorbet

1. Äpfel entkernen, mit Schale sehr klein schneiden und flach in einem Beutel einfrieren.

2. Gefrorene Stückchen mit Zitronensaft fast pudrig zerkleinern (Mixer). Nach und nach gefrorenen Zuckersirup untermischen, ebenso das Eiweiß.

3. Abschmecken, eventuell etwas Puderzucker und Zitrone zugeben. Sehr gut: Calvados untermischen, ersatzweise Rum. Mit gehackter Zitronenmelisse servieren.

Pro Portion: 1 g E, 48 g Kh, 0 g F

Tipp: *Den Zuckersirup auf Vorrat zubereiten und einfrieren. Siehe Grundrezept Seite 137.*

Vanille-Quark-Creme
mit Balsamico-Heidelbeeren

Für 4 Portionen:
200 g Heidelbeeren
2 EL Zucker
150 ml klarer Apfelsaft + 1 EL
2–3 EL Balsamico
½ TL Speisestärke
1 Vanilleschote
250 g Speisequark
3 EL Puderzucker
150 g Schlagsahne
etwas unbeh. Zitronenschale zum Garnieren

1. Heidelbeeren verlesen, vorsichtig waschen und abtropfen lassen.

2. 2 EL Zucker mit 1 EL Wasser in einer Pfanne bei mittlerer Hitze goldbraun karamellisieren lassen. Apfelsaft angießen. Balsamico zugeben. 1 EL Apfelsaft mit der Stärke verrühren. Rührend zugeben und einmal aufkochen. Heidelbeeren zugeben, vom Herd nehmen und abkühlen lassen.

3. Vanilleschote längs aufschneiden und das Mark herauskratzen. Quark, Vanillemark und 3 EL Puderzucker verrühren. Sahne steif schlagen und vorsichtig unterheben.

4. Vanille-Quark-Creme in 4 Gläser füllen, mit den Balsamico-Heidelbeeren und der Zitronenschale servieren.

Pro Portion: 10 g E, 30 g Kh, 12 g F

Bunte Beerengrütze mit Quarkcreme

Für 4 Portionen:

1 unbeh. Orange
(oder 200 ml Orangensaft und
1 TL geriebene Orangenschale)

750 g Beerenmischung,
tiefgefroren

120 g Zucker

½ Zimtstange

500 g Quark (20 % Fett i. Tr.)

1 Tütchen Bourbon-Vanillezucker

3 EL Milch

1 EL Stärke (10 g)

1. Die Orange etwa zur Hälfte vorsichtig abreiben, den Saft ausdrücken. 400 g Beerenmischung mit 100 g Zucker, dem Orangensaft und der halben Zimtstange etwa 10 Minuten in einem Topf köcheln lassen.

2. Den Quark mit 20 g Zucker, dem Vanillezucker und der Milch mit dem Elektrogerät auf höchster Stufe etwa 5 Minuten lang durchrühren. Das macht den Quark richtig schön cremig. Per Hand mit dem Schneebesen klappt das nicht so gut.

3. Die Zimtstange aus dem Topf fischen, die Beerenmischung mit dem Pürierstab zu einer glatte Sauce mixen. Die Stärke mit 2 EL kaltem Wasser anrühren, unter die Beerensauce geben. Kurz aufkochen und etwa 2 Minuten köcheln lassen, damit der Stärkegeschmack vergeht. Die Sauce darf dabei ruhig stark andicken, denn jetzt kommen die restlichen 350 g gefrorenen Beeren dazu, die beim Auftauen noch viel Saft abgeben. Geriebene Orangenschale nach Geschmack unterrühren und auskühlen lassen.

4. Besonders gut schmeckt der Beerenmix, wenn Sie den Zucker zu Beginn vorsichtig karamellisieren: Dazu geben Sie 100 g in einen Topf, sodass der Boden gleichmäßig bedeckt ist, und lassen ihn unter großer Hitze goldgelb schmelzen. Dann die Beerenmischung wie in Schritt 1 dazugeben und köcheln lassen.

Pro Portion: 13 g E, 105 g Kh, 5 g F

Blitzeis mit Himbeeren

1. Die Schlagsahne steif schlagen. Einige Amarettini und gefrorene Himbeeren zur Dekoration beiseitelegen. Die Amarettini mit der Hand grob zerdrücken, über die Sahne geben. Das Baiser mit dem Messer grob zerteilen und zusammen mit den zerbröselten Amarettini vorsichtig unterheben, sie sollen sich nicht zu stark mit der Sahne mischen. Dann die anderen Himbeeren direkt aus der Gefriertruhe unter die Sahne mischen.

2. 10 bis 15 Minuten warten, bis die Beeren essfertig angetaut sind. Jede Portion mit Amarettini – ganz oder zerbröselt – und Beeren dekorieren.

3. Wer's eisiger mag, stellt den Himbeer-Sahne-Mix in die Gefriertruhe und lässt ihn dort mindestens 2 Stunden durchfrieren. Etwa 20 Minuten vor dem Verzehr zum Antauen herausnehmen.

Tipp: *Statt des Baisers können Sie auch 10 kleine Schaumküsse verwenden.*

Für 4 Portionen:
200 g Sahne
40 g Amarettini
150 g Himbeeren, tiefgefroren
75 g Baiser

Pro Portion: 2 g E, 19 g Kh, 11 g F

Frittierte Sesambananen

Für 2 Portionen:

1 l Frittierfett o. neutrales Öl
½ Pckg. Backpulver
125 g Mehl
½ Vanilleschote
2 EL Zucker
125 ml Milch
1 Ei
3 kleine Bananen
1–2 EL Sesamsamen
2 EL Puderzucker

1. Frittierfett oder neutrales Öl in einem Topf oder in einer tiefen Pfanne erhitzen. Die richtige Temperatur hat das Fett, wenn an einem hineingehaltenen Holzlöffel kleine Bläschen aufsteigen.

2. Backpulver mit Mehl vermischen. Vanilleschote längs aufschneiden, das Mark herauskratzen. Mark und Zucker vermischen. Milch und Ei ordentlich untermengen, es dürfen keine Klümpchen entstehen. Kurz ruhen lassen.

3. Die Bananen schälen und in 3 cm lange Stücke schneiden. Den Teig noch einmal kräftig durchrühren, nach und nach die Bananenstücke in den Teig geben, abtropfen lassen und dann mit einer Zange oder einem Schaumlöffel vorsichtig in das heiße Fett geben.

4. Backen Sie nicht zu viele Bananen auf einmal aus, sonst wird das Fett zu kalt und die Bananen werden nicht knusprig. Die Stücke etwa eine halbe Minute ausbacken, dann kurz auf Küchenpapier abtropfen lassen, anschließend sofort im Sesam wälzen und mit Puderzucker bestäuben.

Pro Portion: 12 g E, 93 g Kh, 28 g F

Apfel-Amaranth-Creme

1. Den ausgekühlten Amaranth mit dem Apfelmus und Mangopulpe verrühren, eventuell mit Honig oder Ahornsirup nachsüßen.

2. Die Kokosmilch mit 2–3 EL Honig oder mit Ahornsirup süßen.

3. Die Apfelcreme in Gläser füllen und mit der gesüßten Kokosmilch bedecken.

Pro Portion: 5 g E, 32 g Kh, 19 g F

Tipps: *Gut machen sich Kokosflocken als Garnitur. Dazu 3 EL Flocken ohne Öl kurz in einer beschichteten Pfanne knusprig rösten und über das Dessert streuen.*

Sie können anstelle von Kokosmilch auch etwas flüssige Sahne nehmen.

Für 4 Portionen:

200 g gekochter Amaranth oder
75 g Amaranth kochen

200 g Apfelmus

2 EL Mangopulpe

440 ml Kokosmilch

außerdem:
Honig oder Ahornsirup,
eventuell Kokosflocken

Für 4 Portionen:

2 unbeh. Orangen
(etwa 350 g Fruchtfleisch)

½ Eiweiß

Zuckersirup
(Menge: Grundrezept S. 137)

1–2 EL Cointreau oder
Grand Marnier

1–2 EL Zitronensaft

1 rosa Grapefruit

Orangensorbet

1. Die Schale einer Orange oberflächlich ohne das Weiße abreiben. Beide Orangen gründlich bis auf das Fruchtfleisch schälen. Filets aus den Zwischenhäuten trennen (filetieren), ganz flach einfrieren (Gefrierbeutel). Später die gefrorenen Filets erst zerschneiden (Küchenschere), dann im Mixer zerkleinern.

2. Halbes Eiweiß sowie nach und nach gefrorenen Zuckersirup in kleinen Portionen untermixen. Orangenabrieb und Orangenlikör dazugeben, mit Zitronensaft und Puderzucker abschmecken, eventuell noch einmal in die Gefriertruhe geben.

3. Von der Grapefruit Filets auslösen, halbieren, an das Sorbet legen.

Pro Portion: 2 g E, 49 g Kh, 0 g F

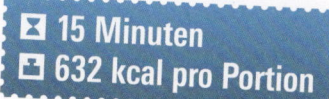
Erdbeer-Rhabarber-Kompott mit Quark

1. Das Wasser mit 100 g Zucker, Zitronenschale und der aufgeschnittenen Vanilleschote aufkochen lassen, dann von der Hitze nehmen. Rhabarber waschen und schälen, in 2 bis 3 cm große Stücke schneiden. Das Zucker-Wasser-Gemisch noch mal zum Kochen bringen, Vanilleschote entfernen und Rhabarber dazugeben, aufkochen lassen und den Rhabarber in etwa 7 Minuten knackig kochen.

2. Inzwischen die Erdbeeren waschen, halbieren, große Früchte vierteln. Quark und 4 EL Zucker mit einem Mixer auf höchster Stufe cremig schlagen (das kann einige Minuten dauern).

3. Sobald der Rhabarber gar ist, die geschnittenen Erdbeeren dazugeben und sofort von der Hitze nehmen. Den Quark in Gläser füllen und mit dem Kompott bedecken.

Pro Portion: 36 g E, 109 g Kh, 2 g F

Für 2 Portionen:
100 ml Wasser
100 g Zucker
1 Streifen Schale einer unbeh. Zitrone
1 Vanilleschote
850 g Rhabarber
250 g Erdbeeren
500 g Magerquark
4 EL Zucker

⏱ 10 Min. + 20 Min.
🔥 160 kcal pro Portion

Rhabarberquark

Für 4 Portionen:

250 g Rhabarber
50 g Puderzucker
250 g Speisequark (40 % Fett)
1 Msp. Zimt
50 ml Mineralwasser
etwa 25 g Amarettini

1. Den Rhabarber waschen und wenn nötig abziehen. Stielenden und Blattansatz entfernen. Alle Stangen in 1 cm lange Stücke schneiden. Wenn sie dick sind, vorher längs halbieren.

2. Die Rhabarberstücke in einen nicht zu großen Topf geben, mit der Hälfte des Zuckers bestreuen. 20 Minuten zugedeckt ziehen lassen, damit sich Flüssigkeit bildet. Zwischendurch wenden.

3. Den Rhabarber in dem Topf bei mittlerer Hitze zugedeckt etwa 3 Minuten vorsichtig garen. Die Stücke sollten nicht zerfallen.

4. Den Quark mit dem restlichen Zucker, Zimt und Mineralwasser mischen und mit dem Handrührgerät (Schneebesen) aufschlagen.

5. Das abgekühlte Rhabarberkompott und die Quarkmasse schichtweise in eine Glasschüssel oder Glaskelche geben.

6. Zum Anrichten mit den Amarettini garnieren.

Pro Portion: 7 g E, 19 g Kh, 8 g F

Erdbeer-Zitronen-Sorbet

1. Tiefgekühlte Erdbeeren antauen lassen. 2 TL Zesten von der Zitrone abreiben, Zitrone auspressen.

2. Erdbeeren mit dem Orangensaft, 50 ml Zitronensaft, den Zesten und dem Honig pürieren. Je nach Geschmack noch Saft oder Zucker dazugeben.

3. Zum Schluss 1 EL sehr fein gehackten Zitronenthymian unterheben und servieren.

Pro Portion: 2 g E, 23 g Kh, 0 g F

Für 4 Portionen:

500 g tiefgekühlte Erdbeeren

1 unbeh. Zitrone

100 ml Orangensaft

5 EL Honig

Zitronenthymian

REGISTER

IMPRESSUM

© 2013 Stiftung Warentest, Berlin

Stiftung Warentest
Lützowplatz 11–13
10785 Berlin
Telefon 0 30 / 26 31–0
Fax 0 30 / 26 31–25 25
www.test.de
email@stiftung-warentest.de

USt.-IdNr.: DE136725570

Vorstand: Hubertus Primus
Weiteres Mitglied der Geschäftsleitung:
Dr. Holger Brackemann (Bereichsleiter Untersuchungen)

Programmleitung: Niclas Dewitz

**Die Rezepte stammen aus den folgenden Titeln
der Stiftung Warentest:**
Karin Iden: „Das neue Kochbuch durchs Jahr"; Vera
Herbst, Dagmar von Cramm: „Gut essen bei erhöh-
tem Cholesterin"; Vera Herbst, Dagmar von Cramm:
„Gut essen bei Gicht"; Vera Kaftan-Namyslowski,
Dorothee Soehlke-Lennert: „Sehr gut kochen";
Christian Soehlke, Dorothee Soehlke-Lennert: „Sehr gut
mediterran kochen"; Christian Wrenkh: „Sehr gut vege-
tarisch kochen"; Lena Elster, Thomas Askan Vierich:
„Sehr schnell kochen"; Dagmar von Cramm: „Die einfa-
che Landhausküche"; Lena Elster, Dorothee Soehlke-
Lennert: „Yummy Mami".
Zusätzlich Rezepte, Foodstyling: Max Faber, Berlin

Projektleitung: Friederike Krickel
Mitarbeit: Karsten Treber
Korrektorat: Hartmut Schönfuß, Berlin
Zusätzliche Nährwertberechnungen:
Astrid Büscher, Hamburg
Gestaltung, Art Direction, Layout: Axel Raidt, Berlin
Bildnachweis: Nicole Fortin, Berlin (22, 35, 55, 93, 98,
121, 122, 130, 155); Knut Koops, Berlin (3, 5, 21, 28, 31,
47, 48, 51, 52,53, 57, 58, 62, 64, 68, 69, 83, 85, 86, 89,
94, 97, 102, 104, 105, 110, 112, 113, 124, 125, 135, 136,
137, 139, 147, 151, 152, 156); Peter Schulte, Hamburg
(2, 23, 34, 66, 108, 127, 7, 9, 26, 39, 40, 43, 71, 75, 82,
90, 101, 109, 118, 126, 129, 133, 143, 144); Ulrike Holsten,
Hamburg (27, 80, 81, 106, 117, 148); Gianni Plescia, Berlin
(10, 17, 18, 25, 32, 36, 52, 74, 114); Nicky Walsh, Berlin
(2, 12, 13, 14, 15, 54, 60, 61, 63, 67, 72, 77, 91, 103, 119,
140, 141, 153, 154, 157); Axel Raidt, Berlin (41); fotolia
(38, 65, 95, 99, 142, 149); iStock (2, 3, 8, 45, 50, 73, 96,
116, 123, 131, 134); thinkstock (79).

Produktion: Vera Göring
Verlagsherstellung: Rita Brosius (Ltg.), Susanne Beeh
Druck: Grafisches Centrum Cuno GmbH & Co. KG, Calbe

ISBN: 978-3-86851-074-4